本书出版得到唯艺（杭州）数字技术有限责任公司的资助

数字财税法治研究丛书
朱丘祥 主编

NFT数字艺术品交易的税法规制与合规建设

聂 淼 张佳莉 李翠翠 著

主编序

随着信息技术的迅猛发展，数字化浪潮正深刻改变着财税领域的面貌。在国际层面，数字经济对各国税制的协调提出了新的要求，围绕回应数字经济挑战方案的研讨方兴未艾；在国内层面，无论是财政领域的大数据应用，还是税收领域的“以数治税”，均彰显数字财税的鲜活实践。习近平总书记指出，“数字经济、互联网金融、人工智能、大数据、云计算等新技术新应用快速发展，催生一系列新业态新模式，但相关法律制度还存在时间差、空白区”。在此背景下，数字财税法治的研究不再是头脑中的想象，而是对现实的回应。数字财税法治研究，作为这一变革的重要支撑和引领，不仅关乎财税法治建设的现代化进程，更对经济社会发展产生深远影响。在此背景下，我们于 2022 年成立江西财经大学数字财税法治研究中心，致力于对数字财税的法治回应这一主题的研究。中心推出“数字财税法治研究丛书”，以期为推动财税法治建设贡献一份绵薄之力。

本丛书旨在系统梳理数字财税法治领域的理论成果和实践

经验，深入探讨数字财税法治建设中的关键问题。希望通过本丛书的研究，推动实现数字财税的发展在法治轨道运行。正如中法两国在《中华人民共和国和法兰西共和国关于人工智能和全球治理的联合声明》中所指出，“中法两国充分致力于促进安全、可靠和可信的人工智能系统，坚持‘智能向善（AI for good）’的宗旨，通过全面和包容性的对话，挖掘人工智能的潜力，降低其风险”。法治正是规训数字技术的合适选择。围绕数字财税法治的基本概念、理论基础、法律制度、实践案例等方面展开论述，力求展现数字财税法治的全貌和精髓。同时，本丛书将结合国内外数字财税法治发展的最新动态和趋势，进行深入分析和探讨，旨在为读者提供有益的参考和借鉴。

围绕数字财税法治这一主题，本丛书力求凸显以下特色和亮点：

一是注重系统性和全面性，力求涵盖数字财税法治领域的各个方面，使读者能够全面了解数字财税法治的内涵和外延。数字财税的法治回应是一个全球话题，吸引了包括主权国家、国际组织与各国学者专家的目光。为此，聚焦主题，“无论西东”。丛书既有国内学者的相关著述，也有对国外著作报告的译介。

二是强调理论性和实践性相结合，既深入剖析数字财税法治的理论基础，又关注其在实际应用中的效果和问题，以期为读者提供更具操作性的指导。不以作者身份论英雄，而以著译品质为依规。本丛书的作者既可以是高校科研人员，也可以是实务专家。

三是关注创新性和前瞻性，积极探索数字财税法治建设中的新兴问题和发展趋势，提出新的观点和见解，以期引领数字财税法治研究的深入发展。丛书选题不拘泥于我国现有的实践，而是放眼全球，对未来我们将要面对的人工智能用于税收征管、自动化税务行政的法律规制等各种问题展开前瞻性研究。

展望未来，数字财税法治研究将面临更多的机遇和挑战。我们期待广大读者对本丛书提出宝贵意见，共同推动数字财税法治研究的深入发展。同时，我们也希望本丛书能够成为财税领域从业人员的重要参考资料，为政府决策和企业发展提供有力的理论支持和实践指导。

最后，要感谢所有为本丛书编写付出辛勤努力的专家学者和工作人员，特别是上海人民出版社的领导和编辑。他们的智慧和汗水凝聚成了这套具有重要学术价值和实践意义的丛书。我们相信，这套丛书的出版和发行，将为数字财税法治研究的繁荣发展注入新的活力。

让我们携手共进，共同推动数字财税法治建设的现代化进程，为经济社会发展贡献智慧和力量。

是为序。

朱丘祥

江西财经大学法学院教授

江西财经大学数字财税法治研究中心主任

2024 年 5 月

前言

2021年元宇宙概念爆火，非同质化通证（Non-Fungible Token）随之进入大众视野。以区块链技术为支撑，以NFT数字艺术品交易平台为承载的各类NFT数字艺术品开始进入交易市场。NFT数字艺术品蕴含的交换价值与经济价值，使其具有了税收监管的必要性。如何应对NFT数字艺术品交易所带来的纳税客体模糊、纳税主体不明、纳税信息不足等税收难题，逐渐成为各国税务机关能否对其进行有效监管的关键。规范NFT数字艺术品交易属于一个综合性的研究领域，虽然法学界对此研究日渐增多，但更多是基于民商法视野，聚焦于知识产权保护领域，而针对NFT数字艺术品交易税法规制问题的研究成果较少。现有研究多从宏观角度，研究数字经济下数字产品、区块链数字资产、网络虚拟财产等方面的涉税问题，虽能反映数字经济所引发的共同税务问题，但未能有效解决NFT数字艺术品课税所面临的特殊问题。通过对NFT数字艺术品税法问题的研究，或许能够起到见微知著的功能，为数字资产的税法评价与征管提供分析框架与可行方案。

在此背景下，江西财经大学数字财税法治研究中心受唯艺（杭州）数字技术有限责任公司的委托，以“NFT 数字艺术品交易平台税务问题研究”为题开展课题研究。课题研究开展期间，江西财经大学数字财税法治研究中心与唯艺（杭州）数字技术有限责任公司联合主办了“NFT 数字艺术品交易平台税务问题研究”研讨会，邀请国内外三十余位专家学者出席。与会专家提出的诸多建设性意见均被吸纳于课题报告当中。在课题报告撰写过程中，江西财经大学数字财税法治研究中心主任朱丘祥、副主任余鹏峰对课题的思路与内容给出了建议，财税法学硕士研究生吴凝思、刘安参与了前期的资料整理工作，特致谢意。本书的出版得益于唯艺（杭州）数字技术有限责任公司的资助，在此表示感谢！

本书以课题报告为基础，将问题视野从 NFT 数字艺术品交易平台，扩展至整个 NFT 数字艺术品交易活动，对 NFT 数字艺术品发展及涉税困境，NFT 数字艺术品的概念、特征与性质，域外 NFT 数字艺术品税务实践现状，NFT 数字艺术品交易行为的税法评价，NFT 数字艺术品交易平台的法律定位与风险防范以及新趋势下 NFT 数字艺术品交易的合规策略六个方面展开深入研究。本书的创新之处在于，以 NFT 数字艺术品交易实践为基石，立足于国外税收实践与国内税法制度，根据不同类型 NFT 数字艺术品的交易性质，提出具体的课税方案，并对税务机关获取涉税信息、交易平台涉税风险防范、新趋势下 NFT 数字艺术品的合规建设给出了可行建议。

诚望借由本书的出版，吸引更多学者关注数字资产相关法律问题的研究，为我国数字经济的健康发展保驾护航。由于本书写作时相关研究成果相对较少、更由于我们的研究能力有限，书中不可避免地会存在一些疏漏，欢迎各位学界同仁批评指正，我们将在接下来的研究中不断予以完善。

本书作者

2024 年 5 月 6 日

目录

主编序 _ *1*

前言 _ *1*

导论 _ *1*

一、研究背景与意义 _ *1*

1. 研究背景 _ *1*

2. 研究意义 _ *3*

二、研究现状与评述 _ *5*

1. 研究现状 _ *5*

2. 研究评述 _ *15*

三、研究思路与方法 _ *17*

1. 研究思路 _ *17*

2. 研究方法 _ *20*

四、研究内容与创新 _ 21
1. 研究内容 _ 21
2. 主要创新 _ 22

第一章　NFT 数字艺术品发展及涉税困境 _ 25

一、NFT 数字艺术品的发展概况 _ 26
1. 国外发展现状 _ 26
2. 国内发展现状 _ 29
3. 国内外发展差异 _ 39
二、NFT 数字艺术品的涉税困境 _ 42
1. NFT 数字艺术品税法评价的实体法困境 _ 43
2. NFT 数字艺术品税法评价的程序法困境 _ 48

第二章　NFT 数字艺术品的概念、特征与性质 _ 57

一、NFT 的概念界定 _ 58
1. NFT 的市场价值 _ 58
2. NFT 的技术原理 _ 60
3. NFT 的应用场景 _ 62
4. NFT 的概念辨析 _ 67
二、NFT 数字艺术品的概念界定 _ 72
三、NFT 数字艺术品的特征提炼 _ 73
1. 唯一性 _ 74
2. 不可分割性 _ 75
3. 稀缺性 _ 76
4. 流动性 _ 77
5. 互通性 _ 77

6. 可编程性 _ 78
四、NFT 数字艺术品的性质界定 _ 78
1. NFT 数字艺术品与作品 _ 79
2. NFT 数字艺术品与物权客体 _ 80
3. NFT 数字艺术品与债权客体 _ 82
4. NFT 数字艺术品与数字商品 _ 82
5. NFT 数字艺术品与虚拟财产 _ 83

第三章 域外 NFT 数字艺术品税务实践现状 _ 86
一、代表性国家 NFT 数字艺术品税务实践 _ 87
1. 美国 _ 87
2. 新加坡 _ 92
3. 印度 _ 96
4. 澳大利亚 _ 99
二、NFT 数字艺术品税务实践的国际镜鉴 _ 106
1. 适当监管，逐步明确相关规范指南 _ 107
2. 明晰 NFT 交易的定性及税法评价 _ 108
3. 交易平台的义务设定 _ 110

第四章 NFT 数字艺术品交易行为的税法评价 _ 112
一、NFT 数字艺术品交易的类型化分析 _ 113
1. NFT 数字艺术品交易平台的类型化 _ 113
2. NFT 数字艺术品交易标的的类型化 _ 120
3. NFT 数字艺术品交易流程的类型化 _ 124
二、NFT 数字艺术品铸造行为的税法评价 _ 126
1. NFT 数字艺术品铸造行为概述 _ 127

2. 著作权许可行为的税法定性 _ 128
3. 平台服务行为的税法定性 _ 130
三、NFT 数字艺术品出售行为的税法评价 _ 132
1. 各类 NFT 数字艺术品交易行为的法律性质 _ 133
2. 个人 NFT 数字艺术品出售行为的税法评价 _ 136
3. 企业 NFT 数字艺术品交易行为的税法评价 _ 140
四、NFT 数字艺术品再次交易行为的税法评价 _ 141
1. NFT 数字艺术品版费的理论逻辑 _ 142
2. NFT 数字艺术品版费的税法定性 _ 143

第五章 NFT 数字艺术品交易平台的法律定位与风险防范 _ 146

一、NFT 数字艺术品交易平台的法律定位 _ 147
1. NFT 数字艺术品交易平台的民商法定位 _ 147
2. NFT 数字艺术品交易平台的税法定位 _ 150
二、基于纳税人身份的风险 _ 151
1. 企业所得税纳税义务 _ 151
2. 增值税纳税义务 _ 153
三、基于征管协助人身份的风险 _ 155
1. 交易平台不存在代扣代缴义务 _ 155
2. 交易平台存在涉税信息提供义务 _ 161

第六章 新趋势下 NFT 数字艺术品交易的合规策略 _ 173

一、NFT 数字艺术品交易及其监管新趋势 _ 174
1. NFT 数字艺术品交易的发展新趋势 _ 174
2. NFT 数字艺术品监管的发展新趋势 _ 178
二、新发展趋势下 NFT 数字艺术品交易的合规建设 _ 187

1. 新发展趋势下 NFT 数字艺术品交易的税务问题 _ 187
2. 新发展趋势下 NFT 数字艺术品交易的税务合规路径 _ 191
三、新发展趋势下 NFT 数字艺术品交易平台的合规建设 _ 195
1. NFT 数字艺术品交易平台的性质变化 _ 195
2. 公有链模式下的交易平台涉税问题 _ 199
3. 数字化税收征管的新探索 _ 205
4. 新发展趋势下交易平台的合规路径选择 _ 211

结语 _ 215

参考文献 _ 219

导 论

一、研究背景与意义

1. 研究背景

2021年元宇宙[1]概念突然爆火，非同质化通证（Non-Fungible Token, NFT）也随之进入大众视野。特别是在国外NFT市场的极高交易量与巨大价值潜力的带动下，国内知名互联网公司也纷纷开始尝试发售NFT相关产品。2022年1月

1. 广义上的元宇宙（Metaverse）是指一种具有沉浸式体验的三维虚拟世界（Immersive Three-dimensional Virtual Worlds），人们在其中可以摆脱现实世界的物理束缚，通过各自的化身（Avatar）进行相互交往。具体可参见 Davis A., Khazanchi D., Murphy J., et al. Avatars, People, and Virtual Worlds Foundations for Research in Metaverses, Journal of Association for Information Systems, 2009, pp. 90—117。

12 日，国务院印发《"十四五"数字经济发展规划》，指出当前我国数字经济正处于数字技术与各行业深度融合、电子商务蓬勃发展、互联网平台日益壮大的发展阶段。其中，要求加快建设信息网络基础设施，有序推进数字基础设施的智能升级与加速完善，为元宇宙产业发展提供坚实的数字经济基础。与此同时，国内包括上海在内的许多地方政府也相继出台促进元宇宙发展的相关政策，纷纷抢占元宇宙产业的制高点。随着元宇宙概念热度的持续走高，行业乱象也逐渐凸显，引起监管部门的高度关注。

NFT 作为元宇宙领域的关键要素，打通了元宇宙虚拟资产与现实资产之间的壁垒，在丰富数字经济模式、促进文创产业发展等方面表现出极大的优势。但同时也引发了洗钱、炒作与非法金融活动等风险隐患。除金融风险外，NFT 数字艺术品及其交易平台的税务政策尚未明确，行业内也存在诸多涉税风险。各国税务机关未来如何应对 NFT 数字艺术品这一新兴事物带来的税收挑战，还需要进一步观察并积极探索。因此，对于 NFT 市场的监管需要金融法、知识产权法与税法等多个部门法的协同治理，构建起完整的法律监管体系。

为规范 NFT 相关产业发展，国内陆续出台了有关政策文件进行风险警示。2022 年 4 月 13 日，中国互联网金融协会、中国银行业协会与中国证券业协会联合发布《关于防范 NFT 相关金融风险的倡议》，明确指出应充分发挥 NFT 在推动产业数字化、数字产业化方面的正面作用，坚决遏制 NFT 金融化证券化倾向。同年4月20日，杭州互联网法院公开审理了国内首例NFT领域侵害作品信息网络传播权纠纷案，进一步引发了对NFT数字艺术品法律性质和NFT数字艺术品交易平台法律义务的深入探讨。在法律尚未明确界定的情况下，法院对NFT数字艺术品的性质、NFT交易模式下的行为界定、NFT数字艺术品交易平台的属性以及责任认定等方面进行了积极探索，具有一定的指导作用。

正是由于NFT产业是一种全新的经济业态，才产生了各种前所未有的新问题。这些新问题不仅可能扰乱税收征管秩序，也可能阻碍我国数字经济向深层次发展。有鉴于此，本书将在厘清NFT数字艺术品交易流程的基础之上，界定其法律性质，为交易平台作出有效的涉税风险防范以及实现自身合规建设提供参考和借鉴，同时也对NFT数字艺术品的发展趋向与新发展趋势下的税务问题进行探讨与展望。

2. 研究意义

NFT在元宇宙概念的带动下，甫一出现便风靡一时，NFT数字艺术品的售价更是水涨船高。同时，在区块链技术的推动下，NFT在各大领域尤其是艺术领域崭露头角，释放出巨大经济发展潜力。NFT数字艺术品的诞生为数字产业以及文化产业带来了全新的商业模式与利润空间。然而，这一新兴事物目前处于性质未明的初步探索阶段，行业内频频发生侵权争议与监管乱象。有鉴于此，本书将从税法学视角，对于NFT数字艺术品及其交易平台的合规性建设提供一定建议，以期促进该行业的规范健康发展。

（1）学术价值

国家对NFT产业的规范与NFT交易平台的合规性建设，从本质上讲是两个相辅相成的研究课题。但从中我们可以发现，二者在推动彼此向前发展的同时，不可避免地可能互为阻力。毕竟，政府的监管与规范在一定程度上表现为调整与抑制，而企业则力图在合法边界内寻求自身经济利益的最大化，因此冲突在所难免。NFT数字艺术品的税法规制与合规建设是一项系统性的工程，包括税法在内的其他法律部门都应当充分发挥自身优势，承担起促进我国数字产业规范、健康、有序、长远发展的使命。本书对NFT数字艺术品的税法规制研究仅仅是一个探索性的初步尝试，以期抛砖引玉，为NFT数字艺术品的相关税法研究贡献一份微薄之力。

（2）实践意义

NFT具有值得挖掘的深厚法律蕴涵，甚至对一些传统的法学基础理论提出了全新的挑战。而诸多理论挑战之中，一个特别紧迫而又尚未得到明晰的问题是，NFT数字艺术品在中国法律体系框架下的法律性质应如何界定。尽管当前从现行法律与司法实践中，对于其性质的界定与阐述已经初显端倪，但是由于法律法规仍有语焉不详之处，导致该问题的研究尚处于探讨阶段，无法一言以蔽之。为此，本书的研究价值在于从基础理论出发，逐步剖析NFT及NFT数字艺术品的本质，同时也对数字经济时代的新发展需求作出回应。

二、研究现状与评述

1. 研究现状

近年来，数字经济逐渐成为重组全球要素资源、重塑全球经济结构、改变全球竞争格局的关键力量。习近平总书记也在党的二十大报告中强调："加快发展数字经济，促进数字经济和实体经济深度融合，打造具有国际竞争力的数字产业集群。"其中，NFT火爆出圈，成为艺术收藏品、音乐、游戏、体育等行业价值承载的新形态。一时之间，关于NFT及NFT数字艺术品的概念界定及其法律属性的研究成为学界热点。

（1）NFT的概念及性质方面

与其他互联网领域的新生事物一样，NFT一经出现，无论是理论界还是实务界都致力于寻求中国语境下的NFT定义。当前，学界倾向于将 NFT 定义为一种数字资产，且主要以《中华人民共和国民法典》(以下简称《民法典》) 中有关网络虚拟财产的规定为依托，此为目前学界较为主流的观点。例如，刘晓欣认为，NFT 是具有实际价值的文化产品、权利内容的客体，是能够借助区块链技术对数字资产进行确权的一种资产凭证。[1] 吴一楷也指出，NFT 是一种独一无二的数字凭证，能够映射到特定资产上，并将其相关权利内容、历史交易流转信息等记录于智能合约的标示信息当中，从而实现虚拟物品的资产化。[2] 葛伟军、方懿也认为，NFT 是数字资产的表现形式，现今主要用于承载和代表数字艺术品，具有经济价值。[3]

而王晓丽、严驰则综合《民法典》之规定，在现有理论研究的基础上提出，NFT 应属于加密数字凭证，与虚拟货币存在一定的界限，不能将二者等同。[4] 无独有偶，杨东、梁伟亮提出，NFT 是区块链上的一种权益表达方式，可以有效实现链上数字产品信息的追溯和确权。[5] 当然，也有学者在肯定

1. 刘晓欣：《NFT（异质代币）的发展逻辑、风险挑战与监管》，载《人民论坛》2022 年第 22 期。
2. 吴一楷：《金融法维度下非同质化通证的属性研究与监管构建》，载《上海金融》2022 年第 11 期。
3. 葛伟军、方懿：《区块链智能合约下加密数字藏品的法律属性与内生风险》，载《上海大学学报（社会科学版）》2023 年第 2 期。
4. 王晓丽、严驰：《数字经济时代非同质化代币的风险治理》，载《合肥工业大学学报（社会科学版）》2022 年第 6 期。
5. 杨东、梁伟亮：《论元宇宙价值单位：NFT 的功能、风险与监管》，载《学习与探索》2022 年第 10 期。

NFT本质上属于权利凭证的同时，指出了NFT对于数字资产的确权以及流通所发挥的作用具有局限性。[1]此外，还有观点认为，根据NFT所指代的交易客体的性质，在定义时可以将其分为两种样态。一类是资产型NFT，是指各种实物或者数字资产的NFT化，比如数字艺术品、数字音乐与网络游戏等。另一类则属于权利型NFT，持有者可以拥有股权、债券等相应的权利，抑或对于某种商品、服务的使用权。[2]

（2）NFT数字艺术品的概念及性质方面

理解并厘清NFT数字艺术品的概念和性质是辨析其所引发法律问题的首要且必要前提。只有明晰NFT数字艺术品的法律本质，才能为今后的科学监管与合法规制提供可靠的理论支持。关于NFT数字艺术品的概念及性质的问题，学界当前也呈现出百家争鸣的景象。

NFT数字艺术品又称"数字艺术品""数字藏品""NFT艺术品""NFT数字作品""加密数字艺术品"等，学者们对NFT数字艺术品从不同方面进行了阐述和界定，具体可以概括为两类观点。其一，将NFT与NFT数字艺术品相混同，认为NFT数字艺术品是NFT在艺术品领域的具体表现形式，本质

1. 龚涛：《去中心化元宇宙的法治困境与出路》，载《上海政法学院学报（法治论丛）》2023年第1期。
2. 陶乾：《论数字作品非同质代币化交易的法律意涵》，载《东方法学》2022年第2期。

上是相关作品权属及交易信息的数字凭证。[1]其二，将 NFT 数字艺术品与 NFT 相分离，认为 NFT 数字艺术品是艺术品之下的一个独立类别，具有独立的价值和属性。[2]

基于对 NFT 数字艺术品的不同界定，学界对其法律属性的分析也不尽相同。如有学者采取权利凭证说，认为 NFT 数字艺术品在铸造阶段中，原作品复制件的数据已经存储在服务器中，此时的 NFT 数字艺术品只是作为一种证明凭证存在，与原作品复制件有指向性联系却并不等同。[3]而对于物权说，学者则见仁见智。部分学者认为，区块链上的数字资产能够被特定主体控制与支配，具有排他性与财产内容，可以作为物权客体，属于数字商品的范畴。[4]然有学者对此持反对意见，如李立新、刘晨认为，NFT 数字艺术品难以纳入物权客体范畴。原因有二：一是 NFT 数字艺术品不属于任何一种动产或不动产，无法纳入现行法律规定的任何一类物权客体；二是其交易架构、具体内容等大多依赖智能合约的设定，难以满足物权法定之要求。[5]而数

1. 邓建鹏、马滢滢：《NFT 数字作品交易的法律风险与治理路径》，载《治理研究》2023 年第 4 期。
2. 江哲丰、彭祝斌：《加密数字艺术产业发展过程中的监管逻辑——基于 NFT 艺术的快速传播与行业影响研究》，载《学术论坛》2021 年第 4 期。
3. 黄玉烨、潘滨：《论 NFT 数字藏品的法律属性——兼评 NFT 数字藏品版权纠纷第一案》，载《编辑之友》2022 年第 9 期。
4. 赵磊：《论比特币的法律属性——从 HashFast 管理人诉 Marc Lowe 案谈起》，载《法学》2018 年第 4 期。
5. 李立新、刘晨：《"链上"的艺术：NFT 数字藏品的法律性质及侵权法保护》，载《上海法学研究》集刊 2022 年第 22 卷。

据说认为，NFT 数字艺术品作为区块链上的信息记录，并非民法上的物，应被视为可流通、可交易的数据要素加以保障。[1] 与物权说相对应的债权说则认为，NFT 数字艺术品依赖于智能合约运作，本质应为债权，持有者可以据此要求特定资产权利人、铸造方或者交易平台为或者不为某一行为。数字艺术品本质上是交易服务平台的持续性网络技术给付的行为后果。[2] 持有者享有的是请求平台持续提供技术性给付的债权，不享有绝对性财产权。此种观点下，NFT 数字艺术品的流转方式属于智能合约债权主体的一种变更。[3]

此外，有学者主张打破现有的物债二分式的“权利范式”，[4] 从虚拟财产权的角度，对 NFT 数字艺术品的法律性质加以界定。[5] 如邓建鹏认为，NFT 数字艺术品本身就是具有客观价值的数字资产，同游戏中的虚拟装备一样，属于网络虚拟财产之一，是法定的民事权利客体。[6] 王江桥也提出，NFT 数字艺术品以数据代码的形式存在于虚拟空间，并且具有一定的商业价

1. 陈兵：《网络虚拟财产的法律属性及保护进路》，载《人民论坛》2020 年第 27 期。
2. 李逸竹：《NFT 数字作品的法律属性与交易关系研究》，载《清华法学》2023 年第 3 期。
3. 参见《大国 IP 论坛：数字艺术作品技术问题与权利运作》，载微信公众号“IP 罗盘”，2022 年 8 月 30 日。
4. “权利范式”即指以权利为出发点，沿着权利—客体—权利内容为逻辑进路的民法规则构建范式。具体可参见申晨：《虚拟财产规则的路径重构》，载《法学家》2016 年第 1 期。
5. 黄玉烨、潘滨：《论 NFT 数字藏品的法律属性——兼评 NFT 数字藏品版权纠纷第一案》，载《编辑之友》2022 年第 9 期。
6. 邓建鹏：《NFT：数字艺术品的权利凭证》，载《中国拍卖》2022 年第 7 期。

值属性，亦具备一定的独立性、特定性和可支配性，应当纳入虚拟财产的范围进行规制。[1]

（3）NFT 数字艺术品产业发展方面

NFT 数字艺术品本身所具有的文化价值、身份价值、社交价值、效应价值，[2]使得其在产业发展方面具有巨大的发展和创新潜力，但也存在法律风险。杨利华、王诗童认为，NFT 数字艺术品是指借助于 NFT 方式进行发售的、作品持有人决定上传至 NFT 交易平台发行的作品的数字化形式，例如视听、动画或者其他创意数字作品等。[3]归功于区块链技术，NFT 数字艺术品市场的火爆发展趋势引得各路平台纷纷参与其中，但其所潜藏的破坏金融秩序、侵犯知识产权、危害信息安全等缺陷也日渐凸显。这些问题伴随 NFT 数字艺术品的发展愈发普遍，亟须规制。

事实上，我国并未禁止 NFT 数字艺术品的发展，只是强调不得将其等同于虚拟货币，这主要是因为 NFT 数字艺术品确有一定积极价值。有学者认为，就数字经济时代的发展需要而言，作为一种新业态形式，NFT 数字艺术品已经展现出在

1. 王江桥：《NFT 交易模式下的著作权保护及平台责任》，载《财经法学》2022 年第 5 期。
2. 江哲丰、彭祝斌：《加密数字艺术产业发展过程中的监管逻辑——基于 NFT 艺术的快速传播与行业影响研究》，载《学术论坛》2021 年第 4 期。
3. 杨利华、王诗童：《NFT 数字作品交易的著作权法规制——兼论数字信息时代权利穷竭原则的适用》，载《邵阳学院学报（社会科学版）》2023 年第 1 期。

艺术品收藏、交换以及文化传播领域的无限潜力。[1] 另外，从当前国内各平台的发展实践也不难看出，NFT 数字艺术品市场的繁荣能够有效拓展数字化产业，不断引领文创产业创新发展。对于国家来说，同时也丰富了数字经济新业态，有助于提升数字经济竞争力，迸发新发展活力。

同时，NFT 数字艺术品的发展过程也不可避免地存在诸多问题与障碍。尽管 NFT 数字艺术品具有稀缺性以及资产确权的优越性，但其交易过程中的知识产权侵权现状屡见不鲜。实践中，NFT 数字艺术品的著作权通常归属于该作品的创作者或者发行方，具体视创作者与交易平台的协议而定。一般情况下，当 NFT 数字艺术品的所有权发生转移之后，著作权并不随之转移。据此，有学者指出，在后续的转让交易中，如果购买者擅自将 NFT 数字艺术品用于出租、展览或者制作复制品，可能引发相关知识产权侵权纠纷。[2] 此外，还有学者提出，技术的两面性可能会导致 NFT 数字艺术品领域面临盗窃、欺诈、非法集资等刑事犯罪方面的法律风险。[3]

司法实践中，有用户擅自使用某公司享有著作财产权的作品将其铸造成 NFT 数字艺术品进行出售，受理法院认为此种

1. 何悦、孙一壶：《非同质化代币数字作品的著作权交易问题研究》，载《浙江警察学院学报》2023 年第 1 期。
2. 王晓丽、严驰：《数字时代 NFT 著作权若干问题思考》，载《南京邮电大学学报（社会科学版）》2022 年第 5 期。
3. 宋芳斌、甘锋：《NFT 艺术品的风险与二元保护模式》，载《南京社会科学》2022 年第 8 期。

情形属于著作权侵权行为，判决被告立即删除侵权作品并作相应赔偿。[1] 对此，有学者认为，尽管 NFT 能够锚定该数字艺术品的铸造者是其最初所有者，但仍然无法确定铸造者与 NFT 数字艺术品的真实著作权人是否同一，从而导致非著作权人非法使用的法律风险。[2] 更重要的是，NFT 数字艺术品的金融价值属性使其容易被当作投机炒作的工具。尤其是在某些不合规的交易当中，NFT 数字艺术品的流转被作为营销手段，存在交易平台收取高昂服务费或者消费者巨额转让获取高额差价的现象。[3] 此外，也有学者提出，金融风险的产生一定程度上与 NFT 的去中心化机制密切相关。该机制存在资金合法性来源与交易者身份无法被识别的隐匿性，因此极易引发金融违法犯罪风险。

（4）NFT 数字艺术品交易的税法规制方面

NFT 数字艺术品作为一种新兴的数字化产品，其交易主要依托 NFT 数字艺术品交易平台进行，其具有交易客体复杂化、交易渠道虚拟化的特点，不同于传统商品交易模式。但不可否认其作为数字艺术品具有的交换价值，以及其在流转过程中产生的较高经济价值，具有税收监管的必要性。如何应对

1. 参见杭州互联网法院（2022）浙 0192 民初 1008 号民事判决书。
2. 余俊缘：《数字作品 NFT 交易的本质、规则及法律风险应对》，载《科技与出版》2022 年第 10 期。
3. 谢新水等：《高质量发展数字藏品：特性、价值、风险与监管路径》，载《电子政务》2023 年第 2 期。

NFT 数字艺术品交易所带来的纳税客体模糊、纳税主体不明、纳税信息不足等税收难题，将成为各国税务机关能否对其进行有效监管的关键。

就目前学界的研究现状来看，单独针对 NFT 数字艺术品交易税法规制问题的研究成果较少。陈沈峰[1]对 NFT 数字艺术品交易税务合规问题，从交易平台、创作者以及 NFT 数字艺术品持有者三个主体出发，分别分析了其在交易过程中可能涉及的税务风险。对 NFT 数字艺术品销售行为的性质、交易过程中的成本扣除问题，以及如何判断其转让定价的可比性等问题进行了探讨。还有学者[2]在 NFT 数字艺术品基本价值和服务价值属性的基础上，对其交易过程中的税务问题进行了分析，但由于未界定 NFT 数字艺术品的法律属性，并未给出确定性的税法评价。NFT 数字艺术品交易在法律性质上如何界定，其所得性质在税收实体法上如何评价，都有待学者进一步研究和探索。鉴于 NFT 作为一种新兴事物，国内外的税务机关态度不明，潘宁[3]指出对于 NFT 的税收治理需要解决两个关键性的问题，其一为是否需要重视 NFT 的税务问题，其二为如何对 NFT 进行课税。并通过归纳分析新加坡、澳大利亚、新西兰、韩国及美国税务主管机构的税收具体措施，提出了 NFT 税收

1. 陈沈峰：《数字艺术品行业的税务合规》，载微信公众号“大成上海办公室”，2022 年 4 月 11 日。
2. 全开明等：《NFT 数字藏品合规指引》，载微信公众号“锦天城福州律师事务所”，2022 年 8 月 16 日。
3. 潘宁：《NFT 税收治理：意义、挑战与应对》，载《地方财政研究》2023 年第 3 期。

监管的中国路径。

但学界更多从宏观角度，研究数字经济下数字化产品、区块链数字资产、网络虚拟财产等方面的涉税问题，这些研究成果能够反映数字化经济所引发的共同税务问题，可以为本书 NFT 数字艺术品具体问题的研究提供较为宏观的研究视角。如任超、闫晨[1]对以数字内容为交易客体的商品在交易过程中所产生的课税对象模糊、所得税收管辖权划分混乱、增值税跨境征管困难等问题进行了具体阐释。冯守东、王爱清[2]则在数字经济全球化视角下，系统地论述了数字化交易的国际税收管辖、监管、协作等问题。此外，由于目前数字化产品的流通主要依托于互联网平台，也不乏学者[3]以平台经济为切入点，指明平台经济交易中法律关系复杂化、交易行为隐蔽化、市场竞争失序化对现行税收法律制度带来的挑战，并从税收实体法和税收程序法两个层面，提出了规制建议。而王敏、袁娇[4]以数字资产确权与定价以及如何获取数字资产涉税信息为关键点，从税收属性、税制设计以及税收征管三个维度提出了构建现代化数字资产税收治理新路径。

1. 任超、闫晨：《数字化产品的税收挑战与应对》，载《财会月刊》2021 年第 23 期。
2. 冯守东、王爱清：《数字经济背景下我国税收面临的挑战与应对》，载《税务研究》2021 年第 3 期。
3. 欧阳天健：《数字法治背景下平台经济的税法规制》，载《南京社会科学》2022 年第 8 期。
4. 王敏、袁娇：《数字资产税收治理难点与治理路径创新》，载《税务研究》2022 年第 11 期。

2. 研究评述

实际上，NFT 产业规范研究属于一个综合性的研究领域，虽然法学界对此研究颇多，但是基本集中于著作权等知识产权保护领域，更多是基于民商法的视野。学者们或是围绕 NFT 具体的生成过程进行论述；或是从现行的法律体系框架出发，对我国应当如何抑制 NFT 的炒作风险进行探讨；抑或是从交叉学科的关联性着手，综合不同学科的理论从而以全新的视角验证 NFT 的可行性监管政策。但无论是对 NFT 数字艺术品的概念界定、NFT 数字艺术品交易监管抑或 NFT 数字艺术品的税法规制方面，都存在一定的实践障碍和理论不足。

首先，在 NFT 数字艺术品的概念及法律属性界定上存在客观障碍。根据国内学者对 NFT 数字艺术品的内涵界定来看，大多强调与国外的虚拟货币作严格区分，继而有所分化。一方面，《民法典》第 127 条[1]虽然明确了网络虚拟财产受法律保护，但对其概念内涵与适用规制并未作具体规定。既没有界定其范畴边界，也没有明确其所适用的法律规则，只是预留了一定的立法空间。另一方面，由于国内各交易平台的差异化发展道路，一个单一的概念已经难以涵盖多元化的 NFT 数字艺术

1.《民法典》第 127 条规定："法律对数据、网络虚拟财产的保护有规定的，依照其规定。"

品类型。换言之，理论与实践的双重障碍导致 NFT 的定义及定性面临着较大的困难。

其次，NFT 数字艺术品的本土性与移植性融合较弱。纵使 NFT 缘起于国外，但在我国发展土壤中萌生的 NFT 数字艺术品仍需注意其发展路径的本土性与移植性。本土性意在强调 NFT 不得脱离中国实际而肆意生长，应当反哺传统实体经济产业转型升级。移植性则是为了取他人之长补己之短，借鉴国外先进的实务经验，为本国起到一定的指引作用。尽管由于国情所致，世界各国适用于 NFT 及 NFT 数字艺术品的规则不尽相同，但是其初衷都是规范 NFT 新业态的发展，抑制其金融炒作风险。因此，我国也可以从中有所借鉴与启发。总之，本土性与移植性具体表现为对现行税法规范体系的完善以及对未来监管规则的创新。

最后，NFT 数字艺术品税法适用的理论与实务层面研究匮乏。通过对现有文献资料的梳理，不难发现，绝大多数学者较为全面地分析了 NFT 数字艺术品发展的利与弊。可以说，NFT 数字艺术品的发展潜力与内生风险是相伴而生的。当前，政府对 NFT 数字艺术品的监管是大势所趋，且势在必行。但在与日俱增的理论研究成果中，税法领域的研究成果却寥寥无几。不可否认，NFT 数字艺术品具有一定经济价值，具有可税性。如果缺乏税法的有效调整，仅仅以金融法和知识产权法作为研究视角，不但难以解决 NFT 所带来的一系列社会问题，甚至可能在未来形成系统性法律规制的监管缺位。

三、研究思路与方法

1. 研究思路

（1）厘清NFT数字艺术品交易现状及法律性质

即便存在众多争议，但现实是NFT数字艺术品越来越被当作一种资产。例如，Rentable作为一个新兴的NFT资产租赁协议，持有该NFT的人可以在租赁平台上进行出租并获得收益，有使用需求的人则可以付费租用。[1]相一致地，在司法实践中，法院也认为NFT数字艺术品作为虚拟艺术品，属于数字资产的表现形式，因而具有相应的未来权益、投资价值和收藏价值。[2]税法评价以客体本身的性质作为前提，因此本书意在通过界定NFT数字艺术品的属性，进而将其置于税法视域中，分析交易平台所承担的纳税义务与征管协助义务。

（2）以现行税法规范NFT数字艺术品的发展

随着我国税收法治化改革的不断推进，税法无论是在实体

1. a15a著：《一本书读懂Web3.0：区块链、NFT元宇宙和DAO》，电子工业出版社2022年版，第157—158页。
2. 杭州互联网法院（2022）浙0192民初2860号民事判决书。

法上抑或程序法上，也在不断进行调整。在数字化发展背景下，现有的税法概念和基本理论框架不完全契合新型的 NFT 数字艺术品交易模式。税收作为宏观调控的政策性工具之一，承载促进与规范经济主体发展的双重功能。面对 NFT 数字艺术品这一新生产物，税法应当如何在现有框架下对其规则进行调整，并且又应如何作出适度调整以适应该产物的发展。换言之，如何既在实体层面保障 NFT 数字艺术品的健康发展，又在程序层面保障其他产业应有的税收公平，是本书所要探讨的问题。

（3）展望新发展趋势下 NFT 数字艺术品的监管策略

NFT 数字艺术品的发展现状表明，当前国内绝大多数交易平台主要是以联盟链为依托，并且与国外所称 NFT 存在较大差异。此种情况与我国当下对于虚拟资产的严监管存在一定关联，但也需要考虑未来伴随数字经济的发展以及全球化进程的深入，我国 NFT 相关产业在这一过程中可能面临哪些问题。随着未来 NFT 数字艺术品的法律性质日益清晰明确，元宇宙也不再只是空中楼阁的概念，游走于虚拟与现实之间的 NFT 产业将为我国数字经济发展增添多元活力。届时，税法又将如何引导其规范、有序地发展？基于此种考量，本书将在最后一章以监管政策与税收征管方式为切入点，重点分析义务视野下 NFT 数字艺术品交易平台可能的路径选择。

具体而言，本书以 NFT 数字艺术品税务问题为研究主题，按照“NFT 数字艺术品发展现状→交易涉税困境→域外税务

实践→交易税法定性→平台税务合规→政策前瞻与税务处理”的基本思路进行。（如图 1 所示）

本书将厘清 NFT 数字艺术品在国内外的发展概况，为其税法规制问题提供一定的事实研究基础，阐释 NFT 数字艺术品的相关概念及其法律性质。同时，本书还将对域外主要代表国家的税务实践作一番整体梳理，辅之以典型交易平台的具体分析，为国内 NFT 数字艺术品交易平台的税务合规建设提供可借鉴的思路，从而对未来税法如何规制 NFT 数字艺术品的发展以及交易平台如何依法发展提出可行方案。

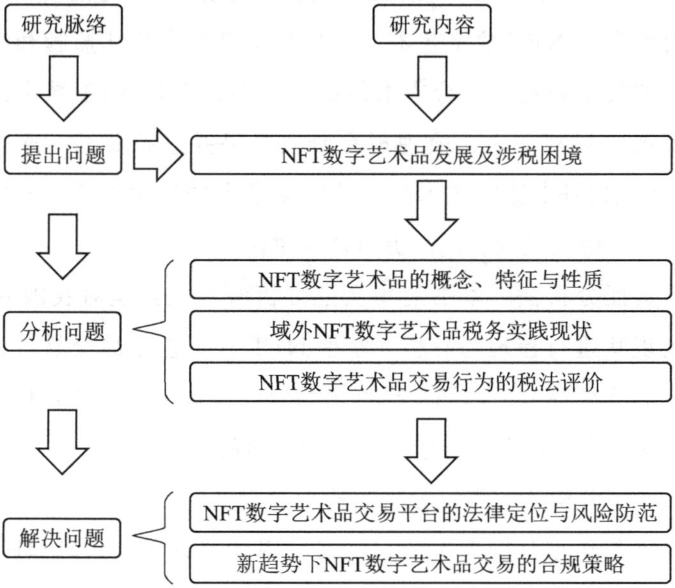

图 1　研究思路

2. 研究方法

对 NFT 数字艺术品交易及平台的税务合规要求进行研究，须跨税法、民商法等多部门法，属于交叉学科的研究课题，由此需要一些较为综合性的研究方法。本书将采用税法、民商法的相关知识进行研究，以前瞻性的视角看待问题，确定本质，解析问题。具体研究方法如下：

文献研究法。本书充分运用文献研究法，广泛检索和查阅国内外有关 NFT 数字艺术品交易与交易平台法律监管和税法评价的文献资料，结合本书的研究问题，聚焦 NFT 数字艺术品发展的最新动态，梳理现有研究成果并进行总结。通过总结，归纳 NFT 数字艺术品及其交易平台的法律性质，分析交易平台的税收风险，进而提出合规建议。

实证分析法。本书运用实证分析法，尤其是对我国 NFT 发展现状进行梳理与分析，掌握 NFT 数字艺术品交易过程中可能的涉税环节，归纳、提炼出相应的涉税困境，结合税法理论与税收征管实践，寻求可行的应对措施。

类型分析法。实证分析固然十分重要，然而事实概念的抽象提炼与类型化同等重要。本书采用类型分析法，对 NFT 数字艺术品、NFT 数字艺术品交易、交易平台与交易流程进行类型化梳理，更加明晰了 NFT 数字艺术品的总体交易概况，在此过程中同时形成了概念的抽象化与体系化。

比较研究法。比较是一种法学研究的基本方法，又可以分为功能比较和概念比较、宏观比较和微观比较等。本书运用比较研究法，分析了美国、新加坡、印度、澳大利亚等国家有关NFT数字艺术品的法律规定与监管措施，结合我国NFT发展现状，对比择优，学习借鉴其他国家的有效方案，并在此基础上对我国NFT数字艺术品交易平台的税务问题展开较为全面的研究。

四、研究内容与创新

1. 研究内容

除导论与结语外，本书共分为六个部分，各部分探讨的主要问题如下：

第一部分为“NFT数字艺术品发展及涉税困境”，作为本书研究的实践基础。通过对国内外NFT数字艺术品及平台的发展现状进行梳理，分析国内外NFT市场价值的分化及差异，进而提炼出相应的涉税重点难点。

第二部分为“NFT数字艺术品的概念、特征与性质”，主要围绕NFT数字艺术品的概念、特征与性质，力图对NFT数字艺术品的相关理论作较为全面的界定，有助于在此基础上完成对税法评价与规制的理论研究。

第三部分为“域外 NFT 数字艺术品税务实践现状”，选取代表国家作为比较分析的参照。“他山之石，可以攻玉”，通过引入国际比较的视角，分析各国 NFT 数字艺术品发展的具体表现与监管政策，以期为我国 NFT 数字艺术品交易平台的合规建设提供一定的路径选择。

第四部分为“NFT 数字艺术品交易行为的税法评价”，结合我国的监管政策与现有税法框架，着重分析 NFT 数字艺术品及其交易行为的法律性质与税法定性。

第五部分为“NFT 数字艺术品交易平台的法律定位与风险防范”，以交易平台的法律定位、纳税人身份与征管协助人身份为研究视角，在具体制度上以税法规制不同主体的要求提出交易平台实现税务合规的可行建议。

第六部分为“新趋势下 NFT 数字艺术品交易的合规策略”，依次对监管政策、NFT 数字艺术品交易及其交易平台的税务处理进行前瞻性分析。

2. 主要创新

一方面，本书重点关注在当前的税收法律体系框架下，NFT 数字艺术品交易在税法上如何定性。与之相对应的，交易平台又应当作出何种应对。另一方面，也试图在全球化与数字经济发展背景下，研究未来我国对NFT数字艺术品的监管趋势，以及由此带来的NFT数字艺术品税法规制的具体影响。基于此，本书提出了具有创新性的相关问题，能够为NFT数字艺术品的理论研究提供一个窗口，以期未来有更多力量共同促进其完善。

（1）本书聚焦于税法领域，在梳理NFT数字艺术品发展现状以及论证其法律属性的基础上，试图归纳税法对NFT数字艺术品所进行的规制情况。目前的学术研究更多是基于虚拟财产保护与知识产权保护展开，例如，NFT数字艺术品的著作权等权利的让渡问题如何界定、发生纠纷时交易平台与创作者如何维权等。这些研究主要停留在民商法基础理论的剖析与探讨上，对当下税法如何影响NFT数字艺术品的发展关注较少。因此，本书的研究成果有助于补充NFT数字艺术品的部门法研究，优化规范NFT数字艺术品发展的法律体系构建。

（2）本书分别对NFT以及NFT数字艺术品的法律性质作出相应的分析，通过对法律性质的层层剖析，将NFT数字艺术品的概念确定化，夯实了合规建设的理论基础。将NFT数字艺术品交易行为与流程进行解构，其目标在于选取税法能够从中切实约束的环节或者着眼点，从而规范交易平台的涉税行为。这不仅是现实亟须解决的问题，也是对税法理论的挑战。有别于单一部门法的研究方法，本书虽以税法为核心，但并不依循单一的法律判断标准，而是同时关注其他相关部门法对于

NFT 数字艺术品发展的约束，充分考虑多种因素之间的协调。

（3）本书不仅基于现行的税收法律体系框架对 NFT 数字艺术品交易平台作出税务合规建议，同时也深入分析与总结未来一段时间内，监管政策与税收征管方式的转变如何对交易平台产生影响。基于对不同时间阶段的研究，使得对 NFT 数字艺术品的税法规制架构更加完整，避免仅关注当下的局限性与片面性，从而有助于完善充实规范 NFT 数字艺术品发展的法律体系，也是对 NFT 数字艺术品这一新生事物所提出的更为深刻的思考。

第一章

NFT 数字艺术品发展及涉税困境

近年来，NFT 的概念愈发火热，NFT 数字艺术品也引发了广泛关注与讨论，成为新经济领域的热门话题。区别于传统的实体经济交易，NFT 数字艺术品交易平台基于区块链技术，以数据、算法等为依托进行互联网线上交易，具有数字化、虚拟化等特征，这导致交易平台在适用现行税收法律体系的过程中面临更加困难的境况。因此，在对其进行具体法律规制分析之前，有必要对 NFT 数字艺术品的发展现状进行梳理与归纳，以此作为理解并探寻交易平台税法规制与合规建设路径的逻辑基础。

一、NFT 数字艺术品的发展概况

1. 国外发展现状

关于 NFT 的概念以及前身可以追溯到 1993 年加密交易卡（Crypto Trading Cards），由资深密码学专家哈尔·芬尼（Hal Finney）首先提出“加密交易卡”这一定义，以加密学和数学的形式呈现，进而随机排列组成一个系列套卡。2012 年，第一个类似于 NFT 的通证彩色币（Colored Coin）诞生。彩色币由小面额比特币组成，最小单位为一聪（比特币最小单位）。它能够代表多种资产且具有多种用途，为 NFT 的发展奠定了基础。2014 年，罗伯特·德莫迪（Robert Dermody）、亚当·克雷伦斯坦（Adam Krellenstein）和埃文·瓦格纳（Evan Wagner）创立 Counterparty（区块链企业）。这是一个点对点金融平台，并在比特币区块链上建立起分布式开源互联网协议。Counterparty 拥有去中心化交易所，支持资产创建，同时开发了一系列项目，如卡牌游戏和 Meme 交易。

2017 年 6 月，世界上第一个真正意义上的 NFT 项目 CryptoPunks（意为“加密朋克”）诞生。它通过改造 ERC-

20 合约[1] 发行代币，生成了 10000 个完全不同的艺术图像，开创性地将图像作为加密资产带入加密货币领域中。同年 10 月，Dapper Labs 团队受到 CryptoPunks 的启发，推出了专门面向构建非同质化通证的 ERC-721 标准。同时，该团队在此基础上，推出了一款名为“Cryptokitties”的加密猫游戏。基于 NFT 的特性，每一只数字猫都具有独一无二的价值，不可复制。这一项目也使 NFT 逐渐由小众走向主流，非同质化代币所蕴含的无限潜力越发引人关注。

在 2018 年至 2019 年间，NFT 市场大规模增长，NFT 数字艺术品交易平台也应运而生。Opensea、SuperRare、Known Origin 和 Rare Art Labs 都建立了发行数字艺术品的交易平台。在此期间，NFT 早期生态逐渐成型，OpenSea、SuperRare 等头部交易平台的 NFT 作品不断推出市场，交易渠道得以多向拓宽。同时，NFT 的应用领域也逐步从游戏、艺术品扩展到音乐和其他领域。2021 年，NFT 行业进入快速扩张期。同年 3 月，数字艺术家 Beeple 的作品《每一天：最初的 5000 天》（Everydays: The First 5000 Days）——一个由 5000 张图片拼接而成的 jpg 文件——作为 NFT 出售并最终以 6935 万美元的价格在佳士得上成交，成为 NFT 领域的里程碑事件。正是基于这样火爆的发展前景，2021 年也被称为 NFT 元年，NFT 由此迎来爆发式增长。（参见表 1）

1. 全称为“Etuereum Request for Comment”，是基于以太坊区块链上设计和使用的代币合约，该合约标准规定了各个代币的基本功能。

表 1　国外 NFT 发展进程

发展阶段	代表性事件
萌芽期（1993—2017 年）	1993 年，密码学专家哈尔·芬尼提出“加密交易卡”，是关于 NFT 最早的阐述。2012 年，第一个类似 NFT 的通证彩色币诞生。2014 年，Counterparty 创立，在此基础上创建的 Rare Pepe（悲伤蛙）项目成为推动 NFT 发展的决定性因素。
新生期（2017 年）	2017 年 6 月，Larva Labs 公司开发了 CryptoPunks，这是真正意义上的第一个 NFT 项目。2017 年 10 月，Dapper Labs 团队推出 CryptoKitties 游戏。
成长期（2018—2020 年）	2018 年至 2019 年间，NFT 大规模增长，市场蓬勃发展。OpenSea 成为全球首个且最大的数字市场，用于购买和出售数字资产。随后，SuperRare 等交易平台逐渐进入人们的视野，NFT 应用场景也更加多元化。
爆发期（2021 年至今）	2021 年，《每一天：最初的 5000 天》以 6935 万美元在佳士得上售出。同时，这一阶段也是国内 NFT 项目本土化的阶段。淘宝旗下阿里拍卖、支付宝与腾讯旗下幻核等平台相继推出数字藏品，限量发行。

总体上，国外 NFT 市场规模较大，且以美国市场为主。在海外市场，购买者可以通过直接购买、竞价或者接受空投的方式获得 NFT。国外绝大多数的 NFT 交易基本上均与虚拟货币紧密联系，相关技术架构缺乏风险管控机制，进而容易引发金融泡沫以及洗钱等诸多风险。例如，海外头部 NFT 的限量发行，就引发了疯狂的炒作，其拍卖最终成交价远远高于预估价或竞标价。也正因为 NFT 屡次以高价成交，才使其火速出圈，俨然已经成为风靡全球的潮流风向标。此外，国外主要以二级市场交易为主

导，更加剧了 NFT 的投机性。有别于一级市场上以项目方为主的发行市场，二级市场指的是 NFT 在用户之间的流转。一级市场上的定价权往往由交易平台或合作的版权方掌握，价格浮动较为稳定；而对于二级市场，价格容易随着市场行情与供需关系产生不确定的波动，其滋长投机炒作与洗钱风险的可能性更大。

应当说，目前国外 NFT 市场之所以如此火热，市场投机因素起了根本性作用。基于 NFT 数字艺术品可以二次交易的前提，绝大多数参与者认为自己能够获取其中的巨大差价。在全球市场的环境下，NFT 的发展面临着多重风险。国外 NFT 主要依托公有链发行，通过加密货币交易，自身带有极强的金融属性，存在一定的市场炒作空间，极易引发金融诈骗、洗钱等违法违规问题。如果任由 NFT 数字艺术品的投机性肆意增长，这一新生事物最终将可能沦为“郁金香泡沫”。[1] 诚然，NFT 热潮带动了全球范围内新的经济发展热点，但与此同时，NFT 数字艺术品仍应被赋予更多的现实意义，而非单纯依赖数量上的稀缺支撑其市场价格。

2. 国内发展现状

随着 NFT 火遍全球，国内市场也闻风而起。作为一个舶

1. 源自 17 世纪荷兰的历史事件，是人类历史上第一次有记载的金融泡沫。

来品，NFT 在我国市场上不再具有极强的投资属性，更多是以“数字艺术品”或是“数字藏品”的身份出现。中国语境下的 NFT 数字艺术品，主要集中于艺术藏品的数字版权，依赖中心化运营厂商的有限发行，确保 NFT 数字艺术品权属明确，并通过维持其稀缺性保障 NFT 数字艺术品的价值。2021 年以来，我国 NFT 数字艺术品市场不断升温。作为一项区块链技术的创新应用，NFT 数字艺术品在赋能文创产业、丰富数字经济新模式等方面具有一定的潜在价值。乘着数字化的浪潮，国内各大交易平台持续探索 NFT 数字艺术品相关行业的机遇与发展。随着 NFT 数字艺术品涵盖领域的扩大，我国也逐步进入了“万物皆可 NFT”的时代。

相较于国外 NFT 市场的火爆现状，我国 NFT 市场仍然处于早期的不成熟阶段。这主要是基于我国对于 NFT 的监管尚处于探索的初步阶段，相关法律问题还未得到明确的指引与规范，当前更多的是通过各部门发布一系列政策进行风险防范和管理。通过政策梳理（参见表 2）可以看出，我国法律对金融监管的原则一直以稳定发展为主，将市场的自由度限制在法律体系的框架内，从而避免过度损害参与者的利益。为了防止 NFT 市场可能出现的炒作风险，我国目前已经明确了 NFT 交易不得使用虚拟货币，同时各大平台也表示所出售的 NFT 数字艺术品与虚拟货币等同质化货币存在本质区别。国内政策环境出于维护金融市场秩序的需要，对于虚拟货币及代币的敏感程度较高。

国内虽然还未出台禁止 NFT 数字艺术品在二级市场交易的规定，目前此项限制仍取决于交易平台自身的交易政策选择，但是，为了加强对 NFT 数字艺术品交易的管理，部分交易平台选择暂时关闭二次交易的通道。此外，2021 年 10 月，监管部门约谈部分互联网企业。随后，相关企业的交易平台均删除了“NFT”的字眼而改为“数字藏品”。数字藏品是国内对于 NFT 数字艺术品的本土化概念，也是基于国内监管政策框架而去除了 NFT 代币属性的产物。这也进一步表明，国内 NFT 发展模式将以去币化为主，重点发展 NFT 在文化艺术发展、作品版权保护等领域的应用，进而建立 NFT 数字艺术品发行、出售等领域的具体规则。

表 2　我国 NFT 相关监管与发展政策

政策名称	发布部门	发布时间	主要内容
《文化和旅游部关于推动数字文化产业高质量发展的意见》	文化和旅游部	2020 年 11 月	支持区块链在文化产业领域的应用创新。
《关于防范虚拟货币交易炒作风险的公告》	中国互联网金融协会、中国银行业协会、中国支付清算协会	2021 年 5 月	虚拟货币不具有法偿性与强制性等货币属性，不应且不能作为货币在市场上流通使用。
《关于进一步防范和处置虚拟货币交易炒作风险的通知》	中国人民银行、网信办、最高人民法院、最高人民检察院、工业和信息化部、公安部、市场监管总局、银保监会、证监会、外汇局	2021 年 9 月	互联网企业不得为虚拟货币相关业务活动提供服务；企业、个体工商户注册名称和经营范围中不得有“虚拟资产”“加密货币”等字样或内容。

续 表

政策名称	发布部门	发布时间	主要内容
《关于防范 NFT 相关金融风险的倡议》	中国互联网金融协会、中国银行业协会、中国证券业协会	2022 年 4 月	不得利用 NFT 变相发行交易金融产品。
《关于推进实施国家文化数字化战略的意见》	中共中央办公厅、国务院办公厅	2022 年 5 月	文化产权交易机构要充分发挥在场、在线交易平台优势，推动区块链、大数据等技术的融合创新发展。

除相关行业监管政策外，部分协会以及平台机构也发布了一些行业自律文件。（参见表 3）通过这些公约以及倡议的发布和实施，能够强化行业自律，共建良性的数字文创行业发展生态，营造一片干净、公平、健康的发展环境。实际上，透过这些行业自律文件，不难发现，除促进行业规范发展，杜绝虚拟货币以及防范投机炒作也是其主要目的之一。进一步说，国内的监管趋势禁止一切形式的 NFT 数字艺术品炒作，也坚决抵制实为虚拟货币相关活动的违法违规行为。因此，各交易平台应当致力于在合规框架下落地 NFT 数字艺术品的有关业务。

表 3　NFT 数字艺术品行业自律文件一览表

文件名称	发布单位	发布时间
《数字文创行业自律公约》	国家版权交易中心联盟、中国美术学院、湖南省博物馆、蚂蚁集团、京东科技等机构	2021 年 10 月
《2022 中国数字藏品自律公约》	新一代人工智能产业技术创新战略联盟、红洞数藏、灵境藏品等	2022 年 4 月

续　表

文件名称	发布单位	发布时间
《关于规范数字藏品产业健康发展的自律要求》	中国移动通信联合会元宇宙产业委员会、中国通信工业协会区块链专业委员会	2022 年 4 月
《数字文创规范治理生态矩阵公约》	国家级数字文创规范治理生态矩阵发展伙伴协作平台	2022 年 6 月
《数字藏品行业自律发展倡议》	中国文化产业协会与蚂蚁集团、腾讯、百度、京东等近 30 家机构	2022 年 6 月

总而言之，我国当前的监管具有“谨慎与防范”的倾向性。如何探索出一条独具本土特色的发展道路，建立起更加完备的监管制度，是保证国内市场合法合规以及健康发展的前提。鉴于我国不允许虚拟货币交易的法律底线，对于 NFT 数字艺术品发展过程中可能出现的炒作与洗钱风险进行严格管控。实际上，在我国数字艺术品与国外发展模式并非完全相同的情况下，应当更多地看到数字产业发展赋能实体经济的正向性，建议采取适当放宽的监管政策，从“严监管”逐渐向“审慎监管”过渡。同时，在监管手段上，应当保持一定的开放度与灵活度，不断根据市场的反馈进行相应调整。这在当前的地方实践中已经出现了明显的倾向性，部分省市对于当地的元宇宙产业或者区块链技术的创新发展表示肯定，并且也相应出台了相关的政策予以支持。（参见表 4）

尤其是在 2022 年 6 月 12 日，上海市人民政府办公厅发布《上海市数字经济发展“十四五”规划》，提出将在“十四五”

期间培育包括数字内容、数字贸易在内的数据新要素，并且直接指出支持龙头企业探索 NFT 交易平台建设，以此推动 NFT 等资产数字化、数字确权保护等相关业态在上海先试先行。这是国内首个提出探索 NFT 交易平台的政策文件，为 NFT 行业作出了具有指向性的政策规范。此举也表明，上海对 NFT 数字艺术品这一新兴产业以先试先行的方式进行路径探索，在体现政策正面导向的同时，也能够在此过程中赋能更多实体产业，推进其数字化转型升级。应当看到，我国未来 NFT 相关产业的发展在一定的监管环境下形势向好。

表 4　我国地方层面 NFT 发展政策

政策名称	发布部门	发布时间	主要内容
《关于加快北京城市副中心元宇宙创新引领发展的若干措施》	北京市通州区人民政府	2022 年 3 月	进一步推进元宇宙等信息技术和产业发展，助力北京建设数字经济标杆城市。
《厦门市元宇宙产业发展三年行动计划（2022—2024 年）》	厦门市工业和信息化局、厦门市大数据管理局	2022 年 3 月	对 NFT、VR/AR、脑机接口、智能芯片、智能算法等元宇宙关键技术进行协同攻关，支持元宇宙领域的前沿技术突破。
《2022 年南京市人民政府工作报告》	南京市人民政府	2022 年 5 月	培育人工智能、车联网等新业态，争创国家新一代人工智能创新发展试验区，主动布局量子信息、元宇宙、区块链等未来产业。
《江西省“十四五”数字经济发展规划》	江西省人民政府	2022 年 5 月	紧跟新一代信息技术发展步伐，前瞻布局区块链等前沿领域。

续　表

政策名称	发布部门	发布时间	主要内容
《上海市数字经济发展“十四五”规划》	上海市人民政府	2022 年 6 月	支持龙头企业探索 NFT 交易平台建设，研究推动 NFT 等资产数字化先试先行。
《河南省元宇宙产业发展行动计划（2022—2025 年）》	河南省人民政府	2022 年 9 月	围绕区块链等元宇宙核心领域，创新招商引资手段，支持国内外元宇宙行业领军企业建设区域总部等。
《武汉市促进元宇宙产业创新发展实施方案（2022—2025 年）》	武汉市人民政府	2022 年 10 月	全面发展先进计算、5G+/6G、区块链、分布式存储等元宇宙有关支撑技术。
《支持元宇宙产业发展十方面税收措施》	珠海市横琴粤澳深度合作区财政局、税务局、经济发展局	2022 年 11 月	发展元宇宙相关的产业，如 5G、人工智能、区块链等，可对照横琴粤澳深度合作区的 9 大类产业、150 个细分行业的优惠目录，对符合条件的企业，减按 15% 征收企业所得税，申报享受税收优惠。
《西湖区关于打造元宇宙产业高地的扶持意见》	杭州市西湖区人民政府	2022 年 11 月	对于区块链等核心底层技术研发予以一定补贴，扶持技术创新。
《成都市元宇宙产业发展行动方案（2022—2025 年）》	成都市新经济发展委员会	2022 年 12 月	通过攻关区块链等元宇宙基础核心技术，建成一批元宇宙技术研究和创新平台。
《浙江省元宇宙产业发展行动计划（2023—2025 年）》	浙江省发展和改革委员会等五部门	2022 年 12 月	建设区域性、行业级数据交易平台，探索基于 NFT 的数字资产交易场景建设。

目前，国内 NFT 数字艺术品交易平台存在公有链与联盟链并存的情况，但主要运用的是联盟链（见表 5），企业与个人

无法直接使用进行数字艺术品开发，需要经过申请的方式加入其中。相比于联盟链，公有链的使用限制较少，用户可以自行上链开发自己的数字艺术品，并且公有链上对于流通转让的限制也较少。例如，NFT 中国所采用的以太坊链。

表 5　国内主要联盟链及交易平台

联盟链	成立时间	发起方	交易平台
蚂蚁链	2015 年	蚂蚁金服	鲸探
超级链	2015 年	百度	希壤
天河链	2015 年	天河国云	优版权
智臻链	2016 年	京东	灵稀
趣链	2016 年	趣链科技	红洞树藏
网易区块链	2017 年	网易	网易星球
BSN 链	2020 年	国家信息中心、中国移动通信集团公司、中国银联股份有限公司、北京红枣科技有限公司	数藏中国
至信链	2021 年	腾讯、北京枫调理顺科技发展有限公司	幻核
长安链	2021 年	北京微芯研究院、清华、北航、腾讯和百度等 27 家联盟成员	元视觉
唯艺链	2022 年	唯绎（北京）数字技术有限责任公司	唯一艺术

（资料来源：各发行平台公开网络资料整理）

NFT 的底层技术是区块链的运用，区块链起源于比特币，具体是指按照一定的时间顺序，将每一数据区块以顺序相连的方式组成的链式结构，同时该结构借助于密码学而具有不可篡改性与不可伪造性的特征。通过在支持 NFT 的区块链上部署 NFT 合约，接着由外部链接指向数据内容或资产，NFT 拥有者可以自定义存储内容，实现作品的 NFT 化。应当说，NFT 的技术原理在一定程度上保障了 NFT 的安全性，特别是随着智能合约本身的安全性以及系列 ERC 标准已经趋于成熟。同时，这些技术支持也充分保障了交易平台的运营发展。

国内交易平台现有的 NFT 数字艺术品类型，大致上可分为两种模式：第一种模式下，NFT 对应的作品是现存的作品，存在具体的实物形态，例如“敦煌飞天”付款码皮肤、齐白石《游虾图》等数字藏品，均是以博物馆藏品或者书画为内容的 NFT 数字艺术品项目。第二种模式下，NFT 对应的作品不以物理实体为载体，其本身就以数字化的形式存在，类似于游戏皮肤，仅存在于虚拟空间，是专门为上链铸造 NFT 而创作的作品。

一般情形下，NFT 数字艺术品的首次生成过程即为铸造过程。铸造过程可以具体分为上链数据的准备阶段和数据上链两个阶段。首先，需要提取原作品的关键信息，内容包括 NFT 的标题、数字艺术品的数据格式、描述、图片链接等，并将这些信息转化为相应的数据格式进行储存。其次，在准备好元数据后，需要工程师编写具体的智能合约，并将智能合约写入链上，通过调用上链智能合约的铸造函数，将数字艺术品的元数据链接到特定的数字 ID 上，并将 NFT 数字艺术品的所有者地址从

0 改为铸造者地址。[1] 概言之，依托区块链技术将数字化作品的信息经由哈希算法处理，进而将数字艺术品与创作者信息一同作为元数据储存在特定位置，并通过 NFT 对其进行编号，即为 NFT 数字艺术品的本质形态。NFT 数字艺术品铸造过程由写入区块链的智能合约所决定，这也决定了在其交易流通过程中，持有人所获取的权利类型取决于交易平台的合约设计。

国内企业中，抢先布局的主要是互联网平台，发行项目种类包括艺术收藏品、音频视频以及游戏皮肤等，具体与该平台本身的发展模式有密切关联。例如，2021 年 6 月 23 日，支付宝联合敦煌美术研究所，在“蚂蚁链粉丝粒”的支付宝小程序上发布了全球限量的 16000 件 NFT 皮肤，分别命名为“敦煌飞天”和“九色鹿”。紧接着，腾讯在 8 月 2 日上线了国内首个 NFT 交易 App“幻核”，并在首期限量发行了 300 枚《十三邀》的黑胶唱片 NFT。（见表 6）

表 6　2021 年国内各平台 NFT 探索项目

项目名称	《U107-无废星球系-柜族之梵高》等	“敦煌飞天”“九色鹿”付款码皮肤	有声《十三邀》收藏版 NFT	胡彦斌《和尚》20 周年黑胶唱片 NFT	JOY & DOGA
发行时间	2021.5.20	2021.6.23	2021.8.3	2021.8.10	2021.12.17
发行平台	阿里拍卖	蚂蚁链粉丝粒	幻核	腾讯音乐	灵稀

（资料来源：各发行平台公开网络资料整理）

1. 程啸主编：《NFT 数字艺术品法律问题研究》，中国法制出版社 2023 年版，第 18—20 页。

在国内企业积极探索 NFT 数字艺术品合规之路的过程中，数字艺术品也呈现出了机遇与挑战并存的发展趋势。一方面，数字艺术品通过与实体经济的融合，能够有效地推动产业模式创新，带动消费，拉动内需。作为承载价值的创新形式，基于区块链技术的 NFT 数字艺术品不仅能够保护知识产权，也能为数字经济发展提供新动能。另一方面，当前国内 NFT 数字艺术品市场缺乏健全的价格锚定体系，大多数 NFT 数字艺术品初始发行价格并不高，但是在运营手段与人为炒作的加持下，价格出现大幅度上涨。正是由于投机行为的存在，一定程度上造成了部分 NFT 数字艺术品价格虚高。当数字艺术品以远远超出其价值的价格不断被人们进行交易时，就产生了泡沫，这也是当前与今后监管的重点内容。

3．国内外发展差异

作为一种新兴事物，NFT 数字艺术品在我国当前法律框架下性质尚不明确。同时，由于 NFT 数字艺术品交易过程中容易滋生投资炒作的不良行为，国内的监管政策处于高压态势，因此 NFT 数字艺术品的发展路径相比于国外更为谨慎。国内 NFT 数字艺术品交易的市场、技术以及政策基础不尽相同，具体交易架构存在一定差异，具体体现在区块链技术、NFT 数字艺术品定价机制、交易流通限制及内容生产模式四个方面。

（1）区块链技术不同

国外的 NFT 数字艺术品交易平台，主要是基于以太坊链、Flow 链等公有链构建的，而国内 NFT 数字艺术品的构建主要以蚂蚁链等联盟链为主。公有链不存在中心化的服务端节点，交易者可以在链上的任意一个区块自由地加入、读写数据、退出。[1] 因此 NFT 数字艺术品交易者可以突破平台的壁垒，获取其他平台发行的数字艺术品，也可以自由创作数字艺术品并存储在区块链上。但是联盟链是由多个机构共同管理的区块链，数据的读写权限由联盟规则决定，每个机构管理一个或多个节点，相比于国际上的公链而言，其在使用体验、安全系数以及财产权益保护等方面都稍有不足。如 NFT 数字艺术品交易平台的用户，只能通过平台进行 NFT 数字艺术品销售和购买其他平台发行的 NFT 数字艺术品。

（2）定价发行机制不同

国内外 NFT 产品发行定价方式有所不同。NFT 数字艺术品的定价不同也会影响其后续交易模式和发展路径，国外 NFT 是把数字艺术品等进行代币化、资本化的炒作。在交易平台发布初始定价之后，后续价格紧随市场供求关系波动而变

1. 余俊缘：《数字作品 NFT 交易的本质、规则及法律风险应对》，载《科技与出版》2022 年第 10 期。

化，会导致 NFT 成交价格与初始定价差距较大，有着巨大的投机套利空间；国内平台多采用发行方统一定价机制发行数字藏品，交易价格波动空间有限。国内数字藏品利用区块链技术，锚定作品生成链上唯一的所有权或使用权的数字凭证，不可篡改、不可拆分、限量发行，目的是实现作品真实可信的数字化发行、收藏、使用和流转，传递的是数字文化要素的价值。[1]

（3）交易流通限制不同

国外 NFT 数字艺术品的购买者，可以将自己购买的 NFT 数字艺术品进行再次交易，交易的时间和次数都不受限制。并且 NFT 平台通过公有链把所有的 NFT 串联，平台用户可以跨平台通过虚拟货币进行 NFT 数字艺术品的交易。但是，我国 NFT 数字艺术品的流转并没有完全放开，目前的流通情况根据平台的规则不同也各不相同，根据其流通程度大致可以分为封闭式、限制式和开放式三种。封闭式交易平台，不允许 NFT 数字艺术品的二次流转；限制式交易平台仅限于无偿转赠 NFT 数字艺术品的方式，并且规定了时间和对象的限制；开放式交易平台允许用户在平台范围内进行二次流转。并且，国外 NFT 数字艺术品交易以匿名为主，而国内 NFT 数字艺术品交易则需要实名认证。

---

1. 刘晓欣：《NFT（异质代币）的发展逻辑、风险挑战与监管》，载《人民论坛》2022 年第 22 期。

（4）内容生产模式不同

目前主流 NFT 数字艺术品交易平台的内容生产模式主要有两种：第一种为自由创作式，即由用户个人制作并上传 NFT 数字艺术品到平台进行流通和交易；第二种为平台生产式，由平台合作机构制作内容后，平台上传并对相应 NFT 数字艺术品进行售卖。除此之外，还有平台将上述两种生产模式相结合，既允许用户自由创作，又进行合作生产。但由于国内的 NFT 数字艺术品发展仍处于初期发展阶段，所以目前国内的 NFT 数字艺术品交易平台主要是通过平台与艺术机构或者艺术家合作的方式，定期择优发布 NFT 数字艺术品，而国外的 NFT 数字艺术品交易平台则大多采取用户自由创作的模式或两者兼有的生产模式。

二、NFT 数字艺术品的涉税困境

NFT 数字艺术品的铸造及交易过程一般涉及原创作者、交易平台与购买者三类主体，对此，相应的税收实体法律规范主要包括企业所得税、个人所得税与增值税法律规范。对应的税收程序法律规范则包括《税收征收管理法》与《电子商务法》，此外还包含有关电商平台与数字经济产业的税收政策。不论是税收实体法还是税收程序法，都无法精准适用于 NFT

数字艺术品交易的税收征管实际操作。总体上，现行税法规范难以涵盖 NFT 数字艺术品交易所引发的涉税问题，由此导致了在征管依据与程序上产生了相关的涉税困境。

1. NFT 数字艺术品税法评价的实体法困境

（1）交易主体多元化使得义务主体模糊

NFT 数字艺术品借助于区块链技术，基于平台采用线上交易的模式，呈现出数字化与虚拟化等特点。并且，交易平台差异化的运营方式也造成了交易过程中经营者与消费者之间的边界可能存在模糊的情况，两者身份不断融合，从而导致了纳税主体身份变得更加多元化和复杂化。另外，NFT 数字艺术品的交易过程以 NFT 数字艺术品交易平台为媒介，涵盖多个纳税主体，主要包括以下几类：（1）著作权人，是指享有原数字作品或实物作品的著作权人；（2）NFT 数字艺术品发行方，是指希望在平台上发行 NFT 数字艺术品的发行人，也是 NFT 数字艺术品的相关权利人；（3）NFT 数字艺术品出卖方，是指通过 NFT 数字艺术品交易平台转让 NFT 数字艺术品的出卖人；（4）NFT 数字艺术品买受方，是指通过 NFT 数字艺术品交易平台购买 NFT 数字艺术品的买受人；（5）NFT 数字艺术品交易平台，是为 NFT 数字艺术品发行人、出卖人、买受人等平台用户提供网络服务、区块链服务、NFT 网络经营场所的电子商务平台经营者。[1]上述多方主体参与其中必然涉及多重法律关系间的相互交织，单个主体的法律义务也可能并非单一。

常见的NFT数字艺术品交易中一般均包含著作权人、发行人、NFT数字艺术品交易平台及买受人，其对应的交易流程应为：原著作权人将作品授权给发行人或自行通过NFT数字艺术品交易平台上链发行后，再通过交易平台转让给买受人。《电子商务法》明确规定，通过自建网站或者其他网络服务提供商品或者服务的电子商务经营者都应当承担与传统经营者相一致的纳税义务，包括及时办理税务登记。首先，NFT数字艺术品交易平台作为电子商务平台经营者，也可以通过自营的方式成为电子商务平台内经营者，因此其收入来源可以来自提供网络服务、区块链技术服务等服务行为，也可以来自NFT数字艺术品的发行、销售行为。其主体身份的多样性及其行为的多样性，也使得其纳税义务的确定复杂化。其次，著作权人就其著作权许可或者NFT数字艺术品发行所获取的收入也负有不同的纳税义务。最后，由于平台用户可以通过平台自行对NFT数字艺术品进行交易，发行人、NFT数字艺术品买受人销售NFT数字艺术品的，其也需要承担相应的纳税义务，会产生成本费用扣除等税务问题。但由于NFT数字艺术品交易的数字化、复杂化、虚拟化，各方主体的纳税义务确

1. 程啸主编：《NFT数字艺术品法律问题研究》，中国法制出版社2023年版，第59—61页。

定，也难以准确进行。

（2）交易客体的税法评价困难

课税对象是一个税种区别于另一税种的主要标志，每一税种都必须明确规定对何种客体征税，体现着税收征收范围的广度。相较于传统商业模式，在对 NFT 数字艺术品的交易活动征税时，税务机关难以直接确定其课税对象。这是因为 NFT 数字艺术品交易活动可以突破行业的限制，融合多种产业，与传统经济模式的单一产业完全不同。NFT 数字艺术品的交易在互联网的虚拟空间中进行，交易的对象主要是不具有物理形态的数字化艺术品，但现行税收法律对于数字艺术品如何征税的规定存在一定空缺与漏洞，原有规则的适用可能并不适应新兴事物的特性。随着信息技术的发展，过去需要进行实体交易的产品变成了数字化产品或者服务。区块链技术将有形商品以数字化形式为载体传递产品信息，继而导致课税对象的界定趋于模糊。并且，数字艺术品的交易过程可能包含多种权利，也给客体的确定带来困难。例如，NFT 数字艺术品的购买者除获得虚拟财产权外，还享有部分著作财产权，此时，究竟是按照财产转让还是特许权使用费项目缴纳个人所得税，存在疑问。

对于税务机关来说，很难直接通过现行税法的固有概念去定义 NFT 数字艺术品交易过程中相关内容的属性。传统的艺术品创作通过上链铸造形成 NFT 数字艺术品，由实体转化为数字艺术品，由此，传统课税对象的形式也发生了相应的改变。这可能需要税务机关对全新的交易活动重新进行评估，进而明确课税对象，这加大了税务机关的征管难度。例如，当 NFT 交易平台出售一款数字艺术品时，交易平台给交易方提供的是网络服务，但同时该平台作为出售方也是交易的受益一方。虽然 NFT 交易平台在整个交易过程中提供了一体化的服务，但其中可能涉及是按照提供信息系统增值服务还是销售无形资产缴纳增值税的问题。也就是说，NFT 数字艺术品交易的跨界融合性造成相关业务交易变得更加复杂，交易平台的收入来源也更加广泛，因而所得性质往往难以得到准确的判定。

（3）税目与税率的确定尚不明确

如前所述，课税对象的数字化带来了税法定性上的不确定性，同时又直接带来税目以及税率适用的模糊性。对于 NFT 数字艺术品发行者出售数字艺术品的行为，是应作为销售货物还是作为销售无形资产缴纳增值税尚无定论；对个人转让 NFT 数字艺术品而言，因 NFT 数字艺术品的种类不同，可能附带著作权、债权、所有权等不同的权利类型，其转让收入是作为特许权使用费所得、经营所得还是财产转让所得缴纳个人所得税，也并不清晰。有学者指出，我国税法对部分课税要素的明确尚不能适应平台经济的快速发展，既有规定已经无法准确定位货物、服务或者特许权数字化后的征税对象所适用的税目及税率。[1]因此，对于区块链技术的介入而生成的艺术品，是否有必要在传统税制所规定的税目中寻找对应的性质界定，还是直接针对数字艺术品设置新的税目，也存在疑问。

此外，税率的确定很大程度上也关系着国家对于 NFT 数字艺术品产业的未来发展趋势是偏向于中立、扶持还是抑制。如果国家在法律上明确了 NFT 数字艺术品及其交易的法律属性，则税目的确定也将对应着不同的税率。税负过高，将抑制交易平台扩大规模与高质量发展的动力；倘若过低，则可能有悖于税收公平原则，进而导致更多传统实体经济产业涌入数字服务行业，引发该行业的市场泡沫。此外，NFT 数字艺术品交易平台的基本业务包括将部分有形商品和服务转换为数字化形式进行出售。对于这一过程，有学者认为，数字化的转变环节使商品服务与特许权使用变得难以区分，准确界定适用税率也缺乏确定性。[2]

（4）交易平台的税法定位模糊

NFT 数字艺术品交易平台是为作品创作方与购买方提供的点对点交易平台，也是该数字艺术品产生价值同时流通的主要渠道。虽然同样是在网络平台上进行交易，但 NFT 数字艺

1. 国家税务总局河北省税务局课题组等：《“四精”视角下加强平台经济税收管理的思考》，载《税务研究》2022 年第 6 期。
2. 国家税务总局泰安市税务局课题组等：《平台经济税收监管探讨》，载《税务研究》2020 年第 4 期。

术品交易平台相较于一般的电子商务平台或者微商平台，具有自身较为独特之处。特别是，有学者指出，随着市场交易突破传统的属地化运行范围，交易平台不同于通常意义上的网络交易平台，其核心课税要素难以精准确定。[1]具体表现在，NFT 数字艺术品交易平台的平台设施基于区块链、交易标的为数字资产且广泛运用多种新技术作为支持。

鉴于技术的复杂性，并非所有 NFT 数字艺术品交易平台仅承载单一功能。因为 NFT 数字艺术品从铸造到交易，可能有多方主体参与其中。为实现交易的顺利进行，平台可能还需要引入相应的支付与结算服务商。同时，平台也可能通过其他社交媒介以广告推送等多重方式吸引购买方，因此，在这一连续的过程当中，交易平台可能同时扮演多重“身份”，进而在不同税种上产生相对应的纳税义务。

2. NFT 数字艺术品税法评价的程序法困境

（1）涉税信息获取与保护的困境

获取涉税信息是税务机关进行税收征收管理的前提，对于税务机关而言，必须具备掌握课税对象交易状况等数据信息的能力，才能实现有效的税务管理。然而，即便当前税务机关已

1. 国家税务总局西安市税务局课题组等：《平台经济与税收政策互动机理及其因应对策研究》，载《税收经济研究》2022 年第 1 期。

经采用大数据进行税收监管工作，但对于区块链技术的运用仍不尽广泛，因此难以及时和准确地掌握 NFT 数字艺术品交易以及交易平台相关的涉税信息。交易信息的不对称可能影响税务机关对课税对象性质的判断，继而导致无法确定其适用的税收要素。同时，也有学者认为，数字化交易模式具有虚拟性与电子性，在交易过程中极易产生海量数据，加大了税务机关获取涉税信息的难度。[1] 此外，互联网交易模式下，电子信息数据具有可修改性与可毁灭性，导致交易信息与数据的电子化存在非正常操作（刻意修改或者删除）的风险，一定程度上降低了税务机关所获涉税信息的来源可靠性与内容真实性。就 NFT 数字艺术品交易来说，税务机关税务执法的精准度高度依赖于平台交易信息是否全面、真实与准确。

但与此同时，大数据时代的发展也导致纳税人信息保护与收集利用之间难以实现平衡。[2] 如若未来税务机关获取涉税信息的手段与方式更加成熟，无疑也是在间接地扩大税务机关掌握并使用涉税信息的权力。此种情况下，同样存在信息不对称问题，表现为纳税人对自身信息的获取渠道与使用范围并不知晓，知情权无法得到有效合理的保障。之所以强调涉税信息保护的重要性，是因为对于交易平台而言，其涉税信息与平台

1. 田开友、崔琦文：《论平台经济税收征管困境的法律克服》，载《河南理工大学学报（社会科学版）》2022 年第 2 期。
2. 阳建勋：《〈民法典〉时代自然人涉税信息保护的理念重塑与制度完善——以〈税收征管法〉修订为视角》，载《税务研究》2021 年第 2 期。

经济业务密切相关，如若未能得到应有的保护，将存在平台重要业务信息泄露的极大风险。我国《民法典》第 1034 条明确了个人信息受法律保护，并且规定了个人信息保护的范围，而随后出台的《个人信息保护法》对于个人信息保护也提出了更加全面与详细的要求。另外，《税收征收管理法》第 8 条第 2 款规定税务机关有为纳税人情况进行保密的义务，[1] 与之对应，《税收征收管理法实施细则》第 5 条说明了保密范围应当包括商业秘密及个人隐私。[2] 问题在于，虽然涉税信息保护有法可依，但保护范围较为狭窄，且涉及个人隐私的信息范围界限不清晰。

（2）税收征管信息化程度较低

在全球信息化时代的背景下，我国的税务系统也历经改革，特别是在大数据与区块链等新兴技术的发展过程中，税收征管水平也随之完善。但是，相比于 NFT 数字艺术品相关产业的蓬勃发展，我国传统的税收征管模式很难快速适应其发展。即使税务机关能够获取交易平台的有关涉税信息，也无法对其进行有效地挖掘、利用和整合。在获取信息后，整合信息

1.《税收征收管理法》第 8 条第 2 款："纳税人、扣缴义务人有权要求税务机关为纳税人、扣缴义务人的情况保密。税务机关应当依法为纳税人、扣缴义务人的情况保密。"

2.《税收征收管理法实施细则》第 5 条："税收征管法第八条所称为纳税人、扣缴义务人保密的情况，是指纳税人、扣缴义务人的商业秘密及个人隐私。纳税人、扣缴义务人的税收违法行为不属于保密范围。"

也是税收征管的一项重要工作，面对海量的数据时，如果缺乏互联网技术的支持，税务机关恐怕也难以对涉税信息进行深度开发和利用，从而导致征管工作无法落实到位。

当下我国税务系统也缺乏区块链专业的技术人才。大多数税务机关对于“互联网＋税务”的模式仍然停留在较为浅显的认识层面，互联网技术在征管过程中基本上只起到了数据存储的作用。因此，对于大部分交易平台，税务机关更多了解的是一些基础层次的信息内容。更重要的是，这一问题导致税务机关不能充分利用互联网技术整合与分析涉税信息，使得信息呈现出较为分散的状态，涉税信息的利用率较低。

（3）电子发票存在监管漏洞

NFT 数字艺术品交易依托区块链技术，借助互联网交易平台，整个交易过程基本上都是通过网络进行，包括 NFT 的铸造、在线销售、在线结算、在线售后等相应流程。购买方通过网上交易平台浏览平台方出售的 NFT 数字艺术品，选定之后直接在此浏览页面进行下单操作，接着通过第三方支付平台向出售方付款。一般的传统交易模式中，通常会产生发票一类的纸质凭证，但在互联网环境下，交易平台基本采取的是无纸化的电子货币交易形式。

一方面，数字化形式确有利于相关涉税数据的存储与监管；但另一方面，相较于税务机关，掌握技术的企业一方更加具备信息优势，税务机关如何获取涉税信息存在技术与法律上的障碍。并且，还有学者提出，电子发票的特点在于单张面值很小，但交易总量较大，发票总额也大，倘若让税务机关从源头对电子发票的开具进行监管，成效并不显著。[1]除此之外，绝大多数购买方在交易 NFT 数字艺术品时不会主动要求开具发票，国内部分交易平台也暂无是否开具发票的选项设置。目前的发票管理尚难适应数字艺术品交易的需要。

（4）代扣代缴义务人认定困难

NFT 数字艺术品交易平台除履行自身纳税义务之外，是否仍有义务代为扣缴其他纳税主体的税款也存在疑问。我国现行税收法律法规关于扣缴义务的规定呈现出概念性的特征。例如《中华人民共和国个人所得税法》(以下简称《个人所得税法》) 第 9 条规定："个人所得税以所得人为纳税人，以支付所得的单位或者个人为扣缴义务人。"[2]该法条对扣缴义务人的规定是一种概念性的规定，具有一定的模糊性。但税务实践中法律关系纷繁复杂，税务机关在确定扣缴义务人时就会存在一定的适用困难。具体体现在两个方面，一方面是确定有无扣缴义务，另一方面是确定具体的扣缴义务人。目前，税法并未赋予数字平台企业代扣代缴的法律效力，即数字平台企业并无法定

1. 李雨晴、张西炜：《平台经济形式中税收体系的完善》，载《当代经济》2022 年第 12 期。
2.《个人所得税法》第 9 条第 1 款。

的代扣代缴义务。[1]

然而，在 NFT 数字艺术品交易的税法定性尚未明确的情况下，此种情形极易造成国家税款的流失。例如，当 NFT 数字艺术品交易平台向签约艺术家支付销售分成时，倘若平台不具有扣缴义务，则该艺术家就其所得收入将可能成为税务机关征管的“盲区”。对于此问题，有学者也持同样的观点，认为现行的税收征管法对于互联网平台企业是否履行代扣代缴义务并无明确规定，法定责任的缺失可能导致国家税款的流失。[2]

（5）国际税收管辖权难以界定

国际税收规则与国家间的税收协定对于各个国家的税收管辖权具有一定约束力，一般情况下，国家基于主权只能对与本国存在属人或者属地关系以及与本国具有实质性关联的经济活动行使征税的权力。但是，跨境商品或者服务提供者与国外的消费者进行交易时，不同国家间的税收政策将造成税收管辖权的配置不均，进而产生相应争议。虽然目前我国绝大多数 NFT 交易平台采用联盟链或者私有链，并未与国外公有链产生联系，但在此问题上仍需未雨绸缪。特别是，我国是主张国际税收协定优先于国内税法的国家，因此有必要在税收征管政

---

1. 田开友、崔琦文：《论平台经济税收征管困境的法律克服》，载《河南理工大学学报（社会科学版）》2022 年第 2 期。
2. 邓学飞等：《平台经济下直播带货税收治理问题研究》，载《税务与经济》2022 年第 5 期。

策暂且缺位之时，先行厘清有关概念，以备不时之需。

通常来说，在传统实体经济中，税收管辖权以属人或者属地作为划分的标准。对于属人关系的判断，国际惯例是以居民管辖权或公民管辖权为标准。相较于我国，采用的是地域管辖权与居民税收管辖权并存、地域管辖权优先的管理模式。但是，鉴于网络交易的虚拟化过程，已有学者提出，税务机关对于无形资产的税收管辖权难以划分。[1]具体而言，交易平台的注册地一般即为纳税地点，但平台上的收入却来源于全国各地，从而导致了税收收入来源地与归属地发生背离。[2]

如若未来在政策允许范围内，更多交易平台使用公有链进行交易，由于信息电子化，则税务机关对于国外消费者基于公有链传递的身份信息可能难以进行准确地界定。对于自然人，税务机关一般实行自行申报纳税，互联网技术与区块链技术的介入使纳税主体的身份界定变得困难。特别是在交易双方均为个人的情形下，涉税信息的获取存在法律和技术上的双重障碍。对于属地关系，在公有链模式下，基于现状也难以获取除了交易平台注册地以外的其他信息，例如交易实际发生地、交易的 NFT 数字艺术品信息等。如果不能准确判断地域归属，最终可能出现重复征税的情况。对于处在起步阶段的 NFT 数

1. 王凯文、罗敬蔚：《平台经济税收征管问题与优化路径》，载《中国发展观察》2022 年第 1 期。
2. 郑秀榕等：《全球数字化背景下的平台经济税收治理研究》，载《经济资料译丛》2022 年第 1 期。

字艺术品交易平台，则可能加重负担，抑制平台的长远发展。

（6）国际税收征管协作法律规定缺失

在经济全球化的大背景下，各个国家之间的经济依存度持续加深，部分跨国公司的逃税或避税活动也会侵蚀他国的税收利益。因此，国际社会更加重视各国之间在税收政策和征管领域的全面合作，并且试图以此构建国际税收征管协作机制。[1] 目前，对于我国而言，在国际税收征管政策和制度上仍存在一些薄弱环节，相关法律法规也尚未落实到位。例如，我国在协作方面所应用的形式较为单一化，主要集中于税务信息的交换。此外，在信息交换之后，其利用程度也较低。可以说，一套有效的涉税信息分析机制能够极大提升税务机关的信息利用能力。但显然，我国在这些方面还存在不足之处。

NFT 数字艺术品缘起于国外，随着未来国内监管政策与法律法规的构建与完善，国内 NFT 数字艺术品交易平台的业务势必向海外市场进行拓展，这也意味着各国之间的经济贸易依存程度将显著提高。在此背景下，加强全球范围内的税收征管合作也日益成为各国税收法治化进程的核心任务。然而，我国现行税收征管法律体系尚无有关国际税收征管协作的具体规范。进一步说，对于信息交换、信息共享等有益于税收征管的重要途径并未从法律上进行明确规定，特别是未在《税收征收

1. 王伟域：《“一带一路”税收征管合作机制：特点、理论依据及世界意义》，载《国际税收》2020 年第 6 期。

管理法》等法律文件中得到体现，导致信息交换与共享等有效措施无法在实践中贯彻落实。[1]对于国家而言，这一法律空白将可能导致税务机关在获取其他国家课税信息以及追缴税款等方面陷入诸多困境，进而影响国家税收利益的实现。[2]而对于“走出去”的 NFT 数字艺术品交易平台来说，在征管协作程序中的知情权与隐私权等权利也可能被限制甚至直接忽略。

1. 赵文通等：《BEPS 时代中国开展国际税收征管协作的障碍与应对策略》，载《经济研究参考》2018 年第 39 期。
2. 余鹏峰：《国际税收征管协助的立法完善——兼论〈税收征管法〉的修订》，载《税务研究》2020 年第 6 期。

第二章

NFT数字艺术品的概念、特征与性质

研究NFT数字艺术品交易的税法问题及其交易平台的合规建设，必然要将观察点立足于NFT数字艺术品。当前，NFT数字艺术品受惠于互联网技术，包含独特的编码信息，具有极高的收藏价值，备受关注与追捧。然而，现行法律框架尚且无法涵盖NFT数字艺术品所具有的特性，甚至存在一定范围的监管空白。基于此，本章将从NFT数字艺术品的相关理论着手，分别探讨其概念界定、主要特征并阐明其性质，以此作为研究的理论基石。

一、NFT 的概念界定

1. NFT 的市场价值

（1）NFT 的起源

NFT 兴起于国外，相关概念早在 1993 年便被提出，但受限于技术不成熟，仅停留在概念阶段。直到 2014 年，风靡于 Myspace 社区的悲伤蛙以其独特的原创性真正推动了 NFT 在区块链领域的应用。2017 年 6 月，世界上第一个 NFT 项目 Cryptopunks 正式诞生。该项目通过改造 ERC-20 合约发行代币，生成了艺术图像并将图像作为加密资产带到了加密货币领域，具有一定的启发性与开创性。同年 10 月，一款叫作 CryptoKitties 的加密猫游戏将 NFT 的概念推向了前沿。NFT 的发展热潮为艺术创作者打开了一扇新世界的大门，有人因此崭露头角，也有人因此一夜暴富。只要经由上链铸造，创作者就能获得一定收益。同时，得益于 NFT 的唯一性，以 NFT 为载体的数字艺术品可以在广泛传播的同时得到明确且不可替代的唯一性认证，使“为千万人欣赏，终为一人所有”成为可能，进而实现对创作者及权利人的相关权益的保障。

在现实世界里，创作者想要证明原创性有时需要耗费极大的成本，包括时间、人力、物力等。而 NFT 恰好具有认证个人权利归属的功能，有效地解决了这一问题，极大地提高了效率。毋庸置疑，NFT 市场的火爆开创了数字艺术品的变现之路，NFT 也由此成了虚拟商品资产化与流通的关键工具。

（2）NFT 的价值

一般来说，NFT 的核心价值主要体现在以下三方面：一是实现数字内容的资产化。NFT 的出现拓宽了数字资产的边界，无论是一张图片还是一段视频，都可以经过上链铸造，成为具有独特价值的 NFT。而这些 NFT 随后可以指代任何资产，游戏道具等难以交易的资产都可以通过 NFT 实现交易。二是有效解决了资产确权问题。基于区块链技术的去中心化，NFT 在区块链的分布式账本上储存，不仅保证了 NFT 的永久性存储，而且其产生与交易记录也难以被篡改，因而为知识产权保护、现实资产的在线认证开辟了一条新道路。三是重新定义数字时代虚拟商品的消费模式。NFT 技术通过区块链技术厘清了权利所有者与使用者之间的关系，建立起全新的创作者以及交易平台体系，从而提供一种新型的数字作品流转模式。同时，此种模式在一定程度上提高了交易及转让的效率，还能降低交易成本。相较于传统的资产交易模式，能够使创作者获得更多收益。

表 7　NFT 与其他资产的特征对比

特征	NFT	数字商品	实物商品
数字化	去中心化区块链上存储	中心化服务器	非数字化
不可复制性	不可复制	可快速复制	不可复制
存在周期	永久	永久或非永久	非永久
流通性	自由流通	可被限制流通	可被限制流通
二次开发	支持	取决于所有者	可能造成形态改变

（资料来源：东方证券研究所）

2. NFT 的技术原理

在技术支持方面，主要得益于基础设施、智能合约以及底层协议标准。首先，区块链作为可信基础设施，能够为 NFT 提供开发工具、存储、钱包，帮助 NFT 进行铸造、发行、流通以及其他衍生应用。此外，还兼具负责价值的记录与结算功能，能够从整体上保障 NFT 生态的安全性。具体来说，NFT 基础设施层的搭建包括点对点互联网协议、平台中立的计算描述语言、数据储存协议、去信任的交互平台、去信任的交互协议、瞬态数据传输。[1] 到目前为止，NFT 领域主要建立在以太

1. 参见《数字藏品行业研究报告——数字内容资产化，寻求稳健发展之路》，载洞见研报 2022 年 5 月 31 日，https://www.djyanbao.com/report/detail?id=3081620&from=search_list，最后访问时间：2022 年 12 月 20 日。

坊以及部分规模较小的公有链或者联盟链上。例如，在以太坊上，绝大多数 NFT 应用可能需要从以太坊主网依靠侧链或者其他解决方案达到完成交易的目的，同时还需要依靠以太坊作为结算层。也正是因为区块链技术拥有去中心化的结算平台，进而通过保证规则的透明度以及执行的确定性，得以充分保障 NFT 的价值归属与流转交易。

其次，智能合约是一种数字化、计算机化的合同，只要满足预先设定的合约条件，合约就会被自动执行。[1] 这一概念与区块链不被干预的自动执行不谋而合，因此被引入提供一定的技术支持。NFT 智能合约记录了每一个资产的各项信息，一份智能合约可以发行一种或多种资产。可以说，智能合约在区块链上一经运行，也成了代码和数据的集合。使用智能合约的优势在于，因为其基于特定的、透明的条件，任何人都可以进行验证，无法随意篡改或者伪造。也正是基于智能合约事先约定的系列功能，NFT 在链上能够具有可追溯性。但这一优点有时也可能成为应用上的瑕疵。例如，合约一旦完成发布，便不能对其商定的内容进行修改，即无法改变最初设定的条件。此时，如果交易过程出现了某些错误，但合约已经执行，也将造成很大的问题。

最后，当前最常见的 NFT 协议标准分别是 ERC-721、ERC-1155 和 ERC-998。（见表 8）以其内涵与特征观之，这

1. 程啸主编：《NFT 数字艺术品法律问题研究》，中国法制出版社 2023 年版，第 10 页。

三种底层协议标准的功能是一个逐步升级的过程。从 ERC-721 到 ERC-1155，使 NFT 的转账交易更加便捷并且实现低成本交易；而从 ERC-1155 到 ERC-998，能够同时实现多种资产的转移，满足了不同场景下的灵活应用。当然，目前市场上使用最为广泛的应为 ERC-721 协议标准。在此协议标准下，可以促进追踪资产的所有权以及转移路径，这使得 NFT 得以与其他同质化通证区分，具有独一无二的属性。

表 8　三大 NFT 协议标准

	ERC-721	ERC-1155	ERC-998
类型	非同质化通证	半同质化通证	可组合非同质化通证
含义	每一代币代表一种资产	支持分割多种类型的代币与批量的数据传输	ERC-721 标准的扩展，允许创建可合成的代币
特征	唯一性、可追踪交易	跨链兼容性、提升交易效率	提高资产转移效率
应用场景	艺术品、证券	收藏品、游戏	收藏品、游戏、房产

3. NFT 的应用场景

NFT 应用生态经过快速发展，逐渐衍生出各种类型的适用场景。根据 NFT 铸造的底层元素的类型，可以将 NFT 的应用分为游戏娱乐领域、数字藏品领域、金融票证领域、身份信息领域、虚拟资产领域、现实世界资产领域等不同理论应用场景。同时，就目前市场发展，收藏品、艺术品以及游戏装备属于主流赛道，交易成交额占比在整个 NFT 市场较大，也更受市场关注与用户欢迎。

（1）游戏娱乐领域

由于 NFT 具有的数字确权功能，NFT 为游戏提供了非常重要的发展前景。在游戏领域，“加密猫”是基于以太坊 ERC-721 协议[1]开发的全球首款区块链游戏。玩家在该游戏中拥有的每一只虚拟猫咪都是独一无二的，且无法被复制或销毁，其本质上就是 NFT。NFT 游戏不同于传统的游戏，NFT 游戏玩家可以将其所拥有的虚拟游戏资产在区块链上通过虚拟货币进行交易，然后再将虚拟货币变现。[2]在音乐领域，我国数字化发行的音乐平台“唱片库”在交易平台“加密空间”发行了第一张 NFT 唱片——深圳交响乐团《马勒第二交响曲 · 复活》；在体育领域，2022 年北京冬奥会期间，“冰墩墩”系列产品以 NFT 数字盲盒形式出售。区块链技术在游戏娱乐领域的运用，使音乐、影视作品通过 NFT 限量发行成为可能，而且使存在于网络虚拟空间的虚拟资产能够交易和变现。[3]

1. 该协议是以太坊区块链上的一项标准，基于此标准，能够对 NFT 数字艺术品进行快速确权，以此保证每一个数字艺术品都是独一无二的。
2. 郭全中：《NFT 及其未来》，载《新闻爱好者》2021 年第 11 期。
3. 魏丽婷等：《非同质化代币（NFT）：逻辑、应用与趋势展望》，载《经济研究参考》2022 年第 4 期。

(2)数字藏品领域

NFT 带来的稀缺性非常适合收藏品，其价值取决于供应的有限性。NFT 数字艺术品，是将传统的绘画、雕塑、摄影等艺术品的原件或复制件转化为数字形式，又或者直接将数字作品上链铸造为 NFT 数字艺术品。与实体艺术不同的是，艺术家可以通过二次销售或者拍卖获得收入，从而确保原创作品在后续交易中得到认可。例如，2021 年 6 月，支付宝在蚂蚁链粉丝粒小程序上限量发售的“敦煌飞天”和“敦煌九色鹿”两款 NFT 付款码皮肤；唯一艺术平台发布的国潮故宫系列 NFT 数字艺术品等。数字藏品领域的 NFT 应用，使得每一件数字艺术品具有独特性和唯一性，并且为数字作品版权的保护提供了新的实践路径。

(3)时尚商品领域

当前，为了扩大市场影响，抢占奢侈品市场地位，众多时尚品牌开始大力发展虚拟服装、首饰、珠宝等数字商品。由于时尚奢侈品行业存在较多的假冒、高仿产品，使得时尚品牌形象受损，市场份额大量损失，NFT 技术的产权追溯、不可篡改等特点，也引起了时尚品牌的关注。一些时尚设计公司在数字商品领域开始运用 NFT 铸造虚拟服装、首饰、珠宝等数字商品，用来区分商品的所有权、增强排他性，以此来提高商品的附加值。并且，其运用场景逐渐扩展到了实体商品领域，有些品牌开始尝试在实体商品中嵌入带有 NFT 的数字芯片，为奢侈品的正品性背书。例如，2021 年奢侈品品牌雅各布公司设计的一块 NFT 数字手表以 10 万美元的高价出售；虚拟时尚品牌 RTFKT 以超过 12 万美元的价格出售了一件 NFT 数字夹克。[1]

（4）票证信息领域

区块链技术在金融领域的运用，是指通过将各种金融票据信息进行 NFT 铸造，使得票据信息具有不可篡改性，从而解决票据伪造问题，控制金融风险，从流动性和安全性两方面促进票据市场的深层次发展，形成新的信用生态圈。[2] 例如，将交易过程中的货物、单据、物流、监管信息等数据进行 NFT 铸造，让真实世界中的货物信息与电子单据信息进行相互验证，满足企业对在途和仓储实物商品融资的需要。[3] 理论上，所有实体世界的凭证、票据、证明、证书等均可以通过 NFT 发行，并通过智能合约实现其功能和流向的精准控制。

（5）虚拟资产领域

虚拟空间资产领域的 NFT 是指，指向虚拟空间（又称

---

1. 渠慎宁：《NFT 产业：理论解构、市场逻辑与趋势展望》，载《改革》2023 年第 4 期。
2. 郭艳等：《金融市场中的区块链技术：场景应用与价值展望》，载《技术经济》2017 年第 7 期。
3. 中国工商银行：《区块链金融应用发展白皮书》，载新浪财经 2020 年 4 月 21 日，http://n.sinaimg.cn/finance/9b213f90/20200421/QuKuaiLianJinRongYingYongFaZhanBaiPiShu.pdf，最后访问时间：2022 年 10 月 15 日。

"元宇宙"）的虚拟资产的数字凭证。元宇宙是一个通过虚拟现实和增强现实等技术实现的高度沉浸式和交互式的在线世界。NFT 可在元宇宙中指代虚拟世界的各种资产，如虚拟房地产、虚拟物品、在线角色、头像设计、虚拟外观等数字产品。[1] 国外 Sandbox 和 Decentraland 等"元宇宙"平台的构建就是建立在 NFT 铸造的基础之上，其虚拟空间中的"土地"等虚拟资产通过 NFT 进行标记和识别。使得虚拟财产的所有者可以通过二级市场将其所拥有的虚拟空间资产通过 NFT 进行交易和转让。虽然，NFT 虚拟空间资产没有实体意义上的价值，但是其在未来的"元宇宙"秩序中具有重要地位。[2]

（6）现实世界资产领域

随着 NFT 运用场景的多元化，NFT 的铸造也逐步从虚拟世界、数字化世界向现实世界拓展。RWA（Real World Assets），即现实世界资产，是指将实际资产（如房地产、股票、债券等）与区块链技术相结合，通过代币化的方式将其转化为数字资产，包括普通代币（FT）和 NFT。其本质上是传统现实世界资产和 NFT 的结合。NFT 赋予了传统现实世界资产更强的流动性、可分割性以及透明度，使得传统资产的交易更加高效和便捷，降低了交易成本和中介环节。目前 RWA 主

1. 渠慎宁：《NFT 产业：理论解构、市场逻辑与趋势展望》，载《改革》2023 年第 4 期。
2. NFT 课题组：《NFT 政策研究报告》，载《上海法学研究》集刊 2022 年第 11 卷。

要应用于房地产交易、债券市场、股权融资、艺术品交易等领域，为传统金融市场注入新的活力和创新。

4. NFT 的概念辨析

NFT，其物理本质上是区块链上一组加盖时间戳的元数据，与存储在网络中某个位置的某个数字文件具有唯一的且永恒不变的指向性。NFT 的所有者点击链接或者使用哈希值进行全网搜索，就能够访问被存储在某一网络空间中的特定数字内容。[1] 被存储的数字内容，既可以是元宇宙世界中的某种具体的虚拟数字资产、现实世界中某位艺术家的音乐作品，也可以是某个游戏的数字衍生品、某个数字版权的数字信息、某种金融票据的数字形式。[2] 将 NFT 纳入法治轨道，厘清其物理本质只是基础性问题，关键在于明确其法律属性，准确界定其在法学范畴内的本质属性，解决法律规范分析的前提性问题。

（1）NFT 与数字货币

NFT 不属于数字货币。目前，国际货币的类型可以分为

1. 陶乾：《论数字作品非同质代币化交易的法律意涵》，载《东方法学》2022 年第 2 期。
2. 魏丽婷等：《非同质化代币（NFT）：逻辑、应用与趋势展望》，载《经济研究参考》2022 年第 4 期。

纸质货币和数字货币两种。数字货币在国际上并没有标准的定义，但是一般将数字货币定义为“价值的一种数字表达”。根据数字货币发行的主体的不同可以将数字货币分为法定数字货币和虚拟数字货币两种。[1] 法定数字货币是由有权发行货币的机构发行的，可以在本国范围内流通；而虚拟货币，又称数字加密货币，则是由非中央机构发行的数字货币，这种货币只能在特定的运用场景中使用。如比特币、以太币、狗狗币、艾达币、瑞波币等。[2]NFT 虽然被称为“数字代币”，又同样是基于区块链技术原理而产生，但是其与同质化通证等虚拟货币存在本质上的区别。首先，NFT 数字艺术品的铸造原理并不是以货币为蓝本而设计的，而是以限定数量甚至具有唯一性的物品为模板。[3] 其次，相较于比特币等虚拟货币，NFT 具有不可分性和不可替代性，每一个 NFT 都是独一无二的，其本身并不具有货币一般等价物的属性。因此，NFT 并不属于“货币”的法律范畴。

（2）NFT 与数字资产

此外，有学者认为 NFT“是一种记录于区块链数字账本

1. 中国工商银行：《区块链金融应用发展白皮书》，载新浪财经 2020 年 4 月 21 日，http://n.sinaimg.cn/finance/9b213f90/20200421/QuKuaiLianJinRongYingYongFaZhanBaiPiShu.pdf，最后访问时间：2022 年 10 月 15 日。
2. 高庆哲：《我国数字加密货币法律监管模式转变思考》，载《合作经济与科技》2023 年第 2 期。
3. NFT 课题组：《NFT 政策研究报告》，载《上海法学研究》集刊 2022 年第 11 卷。

中且承载数字内容的数字资产”。[1] 数字资产的概念首先被用于出版和音像等领域，最早由迈耶（Meyer）于 1996 年提出。[2] 此后，逐渐有学者对数字资产进行界定，但是学界尚未形成共识。但基本认同数字资产是价值的数字表示，是指由经济主体通过加密或者其他技术方式创建的、电子形式的财产。其外延不仅包括中央政府发布的加密货币、非同质化代币或者其他虚拟数字资产，还包括自然人和法人以电子方式交易、转移和存储，用于支付、投资和其他用途的数字资源。[3] 例如，比特币、以太币等虚拟货币以及游戏币等。

由上述概念界定可知，数字资产主要具有如下特征：一是通过加密方式或其他方式生成，主要利用密码学来验证和保护数字交易；二是本身具有内在价值且带有承诺性质；三是可用作交换媒介、价值存储或记账单位；四是可以电子方式转移、存储或交易。[4] 鉴于，NFT 是基于区块链技术而产生的，具有去中心化、不可篡改性、交易记录清晰可查的特点，并且每一个 NFT 都具有独特性和稀缺性，能够在市场上进行交换和流通，具备经济价值且能够以电子的方式转移、存储和交易，因

1. 陆建栖、陈亚兰：《元宇宙中的数字资产：NFT 的内涵、价值与革新》，载《福建论坛（人文社会科学版）》2022 年第 8 期。
2. Meyer H., Tips for Safeguarding Your Digital Assets, Computers & Security, 1996, pp. 576—588.
3. 王敏、袁娇：《数字资产税收治理难点与治理路径创新》，载《税务研究》2022 年第 11 期。
4. 同上注。

此，NFT 属于数字资产。

（3）NFT 与数字凭证

除虚拟货币、数字资产外，有学者认为 NFT 本质上是一种映射数字资产的数字凭证，[1] 或称“权益凭证”[2]“加密数字凭证”，[3] 是包含了一个元数据和数字资产位置信息的字符串，作为载体的标记与其上附加的价值及产品分离，并不能等同于数字资产本身。[4]

NFT 应当属于广义上的数字权利凭证。[5] 广义上的权利凭证主要是指基于金钱、财产或者服务所提供的纸质或电子的权利证件，以通过该证件来实现其背后所代表的某种利益。[6] 狭义上而言，我国法律规定的权利凭证主要有两种，即物权凭证和债权凭证。物权凭证是指在商业活动中被视为代表货物物权的凭证，主要包括仓单和提单，物权凭证在很大程度上代表货物的物权，并可以通过转让或质押物权凭证

1. 记录数字资产的内容、权属信息等与交易客体和主体相关的交易信息。
2. 陶乾：《论数字作品非同质代币化交易的法律意涵》，载《东方法学》2022 年第 2 期。
3. NFT 课题组：《NFT 政策研究报告》，载《上海法学研究》集刊 2022 年第 11 卷。
4. 余俊缘：《数字作品 NFT 交易的本质、规则及法律风险应对》，载《科技与出版》2022 年第 10 期。
5. 邓建鹏、李嘉宁：《数字艺术品的权利凭证——NFT 的价值来源、权利困境与应对方案》，载《探索与争鸣》2022 年第 6 期。
6. 傅俊维：《论盗窃罪对象的扩容——以财产权利凭证为视角》，载《公民与法（法学版）》2014 年第 2 期。

而转让或质押货物。[1]债权凭证则是指在实现金钱债权的执行中，经人民法院执行机构采取措施，债务人确无财产可供执行的，由人民法院发给债权人一种书面凭证，证明其债权存在并明确未执行的债权数额，待发现债务人的财产后，债权人可依该凭证再次申请人民法院执行。本书所指的权利凭证，是以财产性利益为代表，其记载形式与价值内容相分离的各种支付凭证、有价证券、有价票证等债权凭证或者物权凭证、财产替代物，甚至包括欠条、中奖彩票等象征财产利益的符号。

在此意义上，虽然 NFT 的物理本质是由计算机生成的一组数据，但是 NFT 具有创建信息、权利归属、交易流程在链上清晰可查的技术特征，使得 NFT 具有了确定所有权归属以及信息记载的功能。因此，NFT 可以被界定为一种权利凭证。但由于 NFT 数字艺术品相关的权益结构设计完全取决于智能合约及区块链“标准”，由创作者自行设定，不同的 NFT 被附加了不同的权益属性，[2]所以它并非一项简单的物权、知识产权或某一种新型财产性权利的权利凭证，而是一种涉及多个主体的多种权利的凭证。[3]NFT 所代表的权利类型，则需要根据其底层合约的构建进行具体分析。

1. 潘琪：《美国〈统一商法典〉解读》，法律出版社 2020 年版，第 457—462 页。
2. 苏宇：《非同质通证的法律性质与风险治理》，载《东方法学》2022 年第 2 期。
3. 李晓宇：《智能数字化下机器生成数据权益的法律属性》，载《北方法学》2021 年第 2 期。

二、NFT 数字艺术品的概念界定

由上文分析可知，NFT 本质上是区块链上一组加盖时间戳的元数据，具有数字资产和数字权利凭证的双重属性，与存储于网络特定位置的数字文件具有唯一且永恒不变的指向性。根据铸造的底层元素类型，可以将 NFT 分为游戏娱乐、数字作品、金融票证、身份信息等不同应用场景。[1]NFT 数字艺术品是区块链技术在艺术品领域的应用，是对特定艺术品生成的唯一数字凭证，是被存储在区块链上的数字文件和 NFT 这一组元数据的集合体。这里所指的艺术品种类丰富、形式多样，包括传统的绘画作品、书法作品、雕刻作品、摄影作品及其复制品，也包括数字形式的图片、音乐、视频、3D 模型等数字化原创作品。

NFT 赋予数字艺术品唯一性和稀缺性，数字艺术品丰富 NFT 应用场景，在 NFT 数字艺术品交易中它们是不可分割的整体。但 NFT 数字艺术品的法律属性不能等同于 NFT 本身。NFT 可被附加不同的用途与权利属性，可被用作债权、股权、知识产权等不同权利的载体，不同领域 NFT 的权利属性完全

1. 魏丽婷等：《非同质化代币（NFT）：逻辑、应用与趋势展望》，载《经济研究参考》2022 年第 4 期。

取决于铸造者自行设定的底层智能合约以及区块链“标准”。NFT 的目的在于实现数字资产的确权和交易安全，本质上是一种权益凭证，[1] 该凭证指向具有交易价值的特定客体，既可以是股权、债权、知识产权等特定权利，也可以是入场资格、游戏登录资格等商品或服务。而 NFT 数字艺术品由于运用场景特定化，其交易的权利属性也在一定程度上具体化、特殊化，其所附加的数字作品本身就是交易内容，其交易客体不仅仅包括作为权利凭证的 NFT，还包括存储在区块链上的数字文件，具体性质应根据其底层合约的构建元素以及交易双方的权利义务予以明确。

三、NFT 数字艺术品的特征提炼

相比于 NFT 当前的火热发展，以比特币为代表的 FT 加密货币已经处于发展稳定期，法律监管也趋于成熟化。FT，全称为“同质化通证”，采用的是以太坊区块链著名协议 ERC-20。FT 之间不仅可以互换，如人民币可以与同一币值的其他人民币进行互换一样对价值并无影响，而且还可以划分为价值相同的更小的单位，价值等同即可。例如 1 元人民币可以换成 2

1. 蔡昌等：《区块链赋能数据资产确权与税收治理》，载《税务研究》2021 年第 7 期。

张 5 角人民币，或是 10 张 1 角人民币。也正是基于这些特征，FT 并不体现独特性与稀缺性，因而得名“同质化”。与 FT 相反，NFT 的一般性特征基本上具有唯一性、不可分割性与稀缺性。（见表 9）因为 NFT 的非同质化特点，它能够成为非同质化资产的链上权益映射，也可能因此成为一种独特的数字资产。此外，因为二者均基于区块链技术而产生，所以仍然具有一些共性。例如，交易数据一旦上链就永久保存在区块链上，无法被篡改或者删除。此外，得益于区块链强大的存储功能，NFT 的数字内容也同样能够进行信息溯源，实现可验证性，充分保证其所有权人的权利。

表 9　NFT 与 FT 特征对比

	NFT（非同质化通证）	FT（同质化通证）
通证之间是否可互换	否	是
是否可分为更小单位	否	是
是否具有唯一性	是	否
主要协议标准	ERC-721	ERC-20

1．唯一性

NFT 数字艺术品具有唯一性，这里的唯一性特征主要得益于 NFT 以区块链确权的方式使这些数字艺术品能够获得具有独特标识的“数字化身份证明”，这些独特标识与数字艺术品之间具有唯一的映射关系，从而能够有效区分每一件数字艺术品。基于区块链数据不可篡改与可追溯的独特性，NFT 数字艺术品能够实现其唯一性。[1] 也正是因为区块链完整地记录了 NFT 铸造、流通与交易的全过程，因此每一 NFT 数字艺术品都是独特而不可随意替代的。在此前提下，数字艺术品的所有者能够证明自己是唯一拥有人，以此获得权利流转与权益归属。[2]

2．不可分割性

NFT 数字艺术品作为非同质化通证，不同于比特币等虚拟货币可以无限地进行分割。NFT 数据通过智能合约存储在区块链上，每个 NFT 都拥有固定的信息。也就是说，NFT 数字艺术品只能以整体的形式进行交易，而不可分割。每一 NFT 数字艺术品的最小单位都是一个整体，无法像同质化代币一样以“1”以下的计量单位进行流通。需要注意的是，随着 ERC 系列标准[3] 的逐步发展，NFT 权属已经实现了可分割性，例如，通过智能合约

1. 李晓楠：《网络社会结构变迁视域下元宇宙的法律治理》，载《法治研究》2022 年第 2 期。
2. 杨璇：《版权视角下 NFT 数字作品交易的法律问题》，载《上海法学研究》集刊 2022 年第 22 卷。
3. ERC 标准方案是当前非同质化通证应用的主流方案，主要包括 ERC-721、ERC-998、ERC-1155 等。

的指令，将这个不可替代的 NFT（ERC-721 或 ERC-1155）分成几个可替代的 f-NFT（ERC-20）小部分。每个 f-NFT 代表部分 NFT 的所有权。[1]

3. 稀缺性

NFT 数字艺术品的创作方或者发行方能够自行决定某一种作品的形式，同时也可以自己设定该作品的数量以确保其稀缺性。可以说，有限的数量使得数字艺术品的交易、收藏和投资都有了预期保值或者增值的保障，[2] 这是 NFT 数字艺术品具有市场价值的基础。通过创建特定数量的作品，也是 NFT 数字艺术品流通交易的前提。此外，NFT 数字艺术品的稀缺性能够得到证明。由于所有信息记录均可公开访问，可以随时对 NFT 数字艺术品现存的数量进行确认。一般而言，NFT 的稀缺性依赖于底层区块链与智能合约的安全性，一定程度上也受到发行方的影响。倘若合约存在技术漏洞，如超发漏洞，或者是因发行方重复发行、发行 NFT 衍生品等形式，均可能产生稀释其稀缺性的效果。这也表明，NFT 数字艺术品的稀缺性更多是产生于理论层面，购买者实际购买的

1. Emmanuel Musa, What is a Fractional NFT (F-NFT) and How Do They Work?, MUO (Dec.28, 2022), https://www.makeuseof.com/fractional-nft-what-is-it-how-work.
2. 尹华容、王惠民：《非同质化通证的法律规制路径研究》，载《湘潭大学学报（哲学社会科学版）》2022 年第 6 期。

数字艺术品可能受多重因素影响而不具有发行方所称的稀缺程度。

4. 流动性

如果允许 NFT 的即时交易，那么将导致 NFT 数字艺术品具有更高的流动性。数字艺术品的价值很多时候是炒作出来的，NFT 作为数字艺术品的载体，有效地确保了数字艺术品的流动性以及流动过程中的不可复制性，使得 NFT 数字艺术品市场可以满足各种受众，允许资产在更广泛的买家群中有更大的曝光。就像 2017 年的 ICO 热潮催生了一个由即时流动性代币驱动的新资产类别一样，NFT 扩大了独特数字资产的市场。[1]

5. 互通性

NFT 数字艺术品具有互通性。非同质化通证可以在多个生态系统中轻松移动。当开发者推出一个新的 NFT 数字艺术品项目时，这些 NFT 立即可以在几十个不同的钱包供应商中查看，可以在市场上交易，还可以在虚拟世界中显示。互通性

1. 参见程啸主编：《NFT 数字艺术品法律问题研究》，中国法制出版社 2023 年版，第 20—22 页。

实现的最引人注目的功能是在开放市场上的自由交易。[1]NFT 数字艺术品交易平台为艺术家们提供了作品发行与推广的空间，使任何人可以在艺术品交易平台较为自由地进行交易，而省去了运输、转移等物理形式，使交易安全便捷。[2]

6. 可编程性

像传统的数字资产一样，NFT 数字艺术品是可以编程的。CryptoKitties 直接代表数字猫的 NFT 智能合约中可以植入繁殖机制，使得 NFT 数字艺术品的创作和生产完全由计算机算法所决定，使得 NFT 的设计空间更具有开放性。[3]

四、NFT 数字艺术品的性质界定

区块链技术的运用使得存储在链上的 NFT 数字艺术品具

1. 参见程啸主编：《NFT 数字艺术品法律问题研究》，中国法制出版社 2023 年版，第 20—22 页。
2. 宋芳斌、甘锋：《NFT 艺术品的风险与二元保护模式》，载《南京社会科学》2022 年第 8 期。
3. 参见程啸主编：《NFT 数字艺术品法律问题研究》，中国法制出版社 2023 年版，第 20—22 页。

有了唯一性、稀缺性和不可替代性等特点，使其区别于一般的数字化作品，但是由于数字文件具体内容的多样性，使得学界对 NFT 数字艺术品的法律属性界定存在较大争议。《民法典》是调整我国民商事领域权利义务的基础性法律规范，为民商事领域的法律行为的解释提供了依据。因此，本书将以《民法典》与知识产权法等民事特别法律规则为具体法律依据，具体分析 NFT 的法律性质，厘清其属于何种法律关系的客体。

1. NFT 数字艺术品与作品

NFT 数字艺术品不属于《中华人民共和国著作权法》(以下简称《著作权法》) 意义上的作品。根据我国《著作权法》第 3 条的规定，我国著作权的客体是指文学、艺术和科学领域内具有独创性并能以一定形式表现的智力成果。要构成《著作权法》意义上的作品，应当具有一定的独创性，且属于人类的脑力劳动在文化、艺术科学领域所创造出来的智力成果。[1] 从技术原理上来说，NFT 数字艺术品的铸造过程，可以理解为将作品转换为元数据，再将其写入区块链的过程。这种过程

1. 冯晓青：《我国著作权客体制度之重塑：作品内涵、分类及立法创新》，载《苏州大学学报（法学版）》2022 年第 1 期。

是由区块链上的智能合约自动完成的。[1] 创作人在铸造过程中并不具有主观上的独创性表达，也并没有体现创作人的思想情感。

NFT 数字艺术品一般是基于传统的绘画作品、影视作品、音乐作品、雕塑作品等艺术作品的数字化形式，或者直接基于数字艺术作品加工而成的。我国《著作权法》在 2021 年新修改中规定将作品的形式要件从“能以有形形式复制”修改为能“以一定形式表现”。这说明《著作权法》不再对作品必须是有体物为载体作出限制，故数字化作品如能在外在形式被公众所感知，那么便符合作品的形式要件。[2] 在此意义上，可以将 NFT 数字艺术品理解为原作品的数字化表现形式，是作品的无形载体，其不能等同于数字艺术品本身，也不属于我国《著作权法》意义上的作品。

2. NFT 数字艺术品与物权客体

NFT 数字艺术品不能解释为我国《民法典》意义上的“物”。随着经济和科技的不断发展，物权理论上的“物”的

1. 黄玉烨、潘滨：《论 NFT 数字藏品的法律属性——兼评 NFT 数字藏品版权纠纷第一案》，载《编辑之友》2022 年第 9 期。
2. 郑煌杰：《元宇宙下数字作品版权的扩张及其限制研究》，载《东莞理工学院学报》2022 年第 4 期。

范围呈现出从有体物到无体物的扩张趋势，有学者认为无体物是指“有体物之外的具有经济功用的所有财产资源，不仅指向为法律明确承认的知识产权、债权等权利，还包括处于法律边缘的新型财产资源，不仅指向现实世界中的光、电等无形体能源、自然力，还包括虚拟世界中的虚拟财产”。[1]但是我国采取物权法定原则，物权的客体和物权的内容都需要由法律规定。目前我国对于物权客体的规定仅限于动产、不动产两类有体物，光能、热能、电能等可以支配的自然力以及形体相对确定的财产权利。

NFT 数字艺术品本质上是一种由计算机生成的数据，显然不属于民法意义上的不动产和动产，也不属于自然力等无体物的范畴。同时，根据物权理论物权人应对物的支配具有排他性，可自由行使物权而不需要请求第三人为或者不为一定的行为，也不受他人的干涉。但是 NFT 数字艺术品的铸造往往需要借助第三方平台的技术，且若 NFT 数字艺术品依存的区块链或服务器消失，NFT 本身也会消灭，使得 NFT 的所有者对 NFT 并不能完全地支配和占有。最后，基于 NFT 数字艺术品被赋予的具体权利的不同，其可能成为股权、债权、知识产权的载体，不能完全适用物权的法律规则。[2]

---

1. 常鹏翱：《民法中的物》，载《法学研究》2008 年第 2 期。
2. 苏宇：《非同质通证的法律性质与风险治理》，载《东方法学》2022 年第 2 期。

3. NFT 数字艺术品与债权客体

NFT 数字艺术品不属于民法意义上的债权客体。根据《民法典》第 118 条规定："债权是因合同、侵权行为、无因管理、不当得利以及法律的其他规定，权利人请求特定义务人为或者不为一定行为的权利。" NFT 数字艺术品债权说认为，智能合约可以解释为民法意义上的合同，NFT 数字艺术品代表的是一种请求发行人为一定行为的权利。但是，根据我国法律规定可知，债权的客体是一种行为，而非一种客观存在。NFT 数字艺术品本身是区块链上客观存在的一组数据，基于合同之债的理论，其也只能成为合同的标的，而不是作为债权本身。[1]

4. NFT 数字艺术品与数字商品

NFT 数字艺术品可以认定为一种数字商品。商品是用于交换的劳动产品。数字商品是通过数字劳动产生的用于交换的产品。具体而言是指在互联网经济中可以数字化交易的，主要通过网络数据的形式流通的产品，如计算机软件、电子新闻、

1. 苏宇：《非同质通证的法律性质与风险治理》，载《东方法学》2022 年第 2 期。

音乐、网络课程、音乐视频等。[1] 在 NFT 数字艺术品出现以前，网上存在由计算机技术手段辅助创作的以数字化形式为载体的作品，以及对传统以物理形式存在的艺术品进行数字化处理后所产生的原作品的复制件。但是由于这些数字作品的原件和复制件在形式和内容上没有差别，并且可以无限制地复制和下载，不具有唯一性和稀缺性，也不具有交换价值，一般不会将其看作一种数字商品。但是，NFT 的标记效果使得每一件相同的数字作品具有了唯一性和稀缺性，从而产生了交换价值。在此意义上，可以将存在于 NFT 数字艺术交易平台上的 NFT 数字艺术品认定为一件数字化的商品。[2]

5. NFT 数字艺术品与虚拟财产

NFT 数字艺术品属于我国《民法典》意义上的网络虚拟财产。我国《民法典》采取广义财产权的概念，包括物权、债权、知识产权、继承权、股权和其他投资性权利、其他财产权利和利益，甚至还将数据、网络虚拟财产也纳入了民事财产权利的保护客体范围。虽然我国法律没有对“虚拟财产”作出

1. 王红娟:《电子商务交易成本对数字商品的市场供求与定价策略影响》，载《商业经济研究》2017 年第 8 期。
2. 陶乾:《论数字作品非同质代币化交易的法律意涵》，载《东方法学》2022 年第 2 期。

明确的定义，但是一般认为，虚拟财产是指网络虚拟物品、虚拟货币、账号等基于网络产生，且只存在于网络空间中，独立于主体之外、具有经济价值的电子数据。虚拟财产具有以下两大特征：首先，虚拟财产存在于特定网络空间，且具有经济价值。虚拟财产是生成并储存于各种网络设备、在网络空间中传输的各类信息，其外在形式为文字、数字、声音、图形、图像等。虚拟财产的取得、存续均有赖于网络运营、生产商提供的服务，体现了人类劳动和金钱的付出，具有经济价值。其次，虚拟财产具有排他性。同一虚拟财产只能由特定的主体占有、使用和收益，虚拟财产本身并不具有共享性，权利人可以通过对虚拟财产本身的支配和控制实现特定权利。[1]

NFT 数字艺术品基于区块链技术，使数字艺术品的原件和复制件均有了唯一的标识，每一个数字艺术品的复制件都可以被一组独一无二的元数据所指代，使得 NFT 数字艺术品产生了“唯一性”和“稀缺性”的效果，能够满足人类的价值需求，具有经济价值。此外，只有 NFT 数字艺术品的所有者才能够对 NFT 数字艺术品享有持有、欣赏、学习、使用的权利，NFT 数字艺术品具有虚拟财产排他性的特点。因此，NFT 数字艺术品属于《民法典》意义上的网络虚拟财产。

综上，NFT 数字艺术品的法律属性可以被界定为具有虚拟财产属性的数字商品或权利凭证。当然，将 NFT 数字艺术

1. 参见王紫炎：《虚拟财产交易问题研究》，载微信公众号“天同诉讼圈”，2021 年 3 月 31 日。

品界定为虚拟财产，还应明确是否应将其限缩为某一类权利客体。目前，学术界主要从法律客体角度，对 NFT 数字艺术品的权利属性进行界定，但无论是 NFT 数字艺术品物权说、债权说还是知识产权说都存在一定的法理障碍。[1] 物权说在一定程度上突破了物权法定原则，债权说忽视了 NFT 数字艺术品的排他性，知识产权说要求 NFT 数字艺术品具有独创性，在一定程度上限缩了 NFT 数字艺术品的范围。因此，不能简单地将 NFT 数字艺术品界定为一种物权、债权抑或知识产权，而应界定为一组权利束，即一种涉及多主体的权利集合。[2] 在权利束理论下，不再局限于传统“物债二分”的权利划分框架，而是根据 NFT 数字艺术品权利主体间法律关系，对虚拟财产上的多元权利现象和形态进行个案分析，进而确定具体的权利属性。[3] 因此，NFT 数字艺术品作为一种网络虚拟财产，其法律性质可以界定为一组权利束，具体权利类型和权利归属则由交易实践所决定。

1. 谢潇：《网络虚拟财产的物债利益属性及其保护规则构造》，载《南京社会科学》2022 年第 9 期。
2. 李晓宇：《智能数字化下机器生成数据权益的法律属性》，载《北方法学》2021 年第 2 期。
3. 黄小婵：《“权利束”视角下虚拟财产问题思考》，载《互联网天地》2022 年第 7 期。

第三章

域外 NFT 数字艺术品税务实践现状

随着 NFT 市场的高速发展，NFT 在游戏、时尚、艺术等各领域发挥巨大的作用，其重要性也逐渐凸显，而由此引发的一系列风险亦引起了各国的重视，不同的国家对于 NFT 的监管态度与税法处理也存在不同。在了解各国针对 NFT 制定的相关政策前，对于国外 NFT 交易平台进行实证研究确有必要，这不仅可以为我国交易平台的发展提供一个参照的样本，同时对于国家层面的法规政策亦有益处，而在此基础之上，再通过对一些代表性国家，如美国、新加坡、印度等国家实践的梳理，可为我国 NFT 数字艺术品相关税务处理提供较为完整的参考借鉴。

一、代表性国家 NFT 数字艺术品税务实践

1. 美国

全球几乎 41% 以上的 NFT 公司总部都聚集在美国。面临 NFT 数字艺术品交易市场带来的诸多挑战，美国监管机关和司法实践也在不断推进着对于 NFT 法律定性与监管的探索。2022 年 6 月 7 日，美国两党参议员共和党参议员提出了《负责任的金融创新法案》为构建加密数字资产创建监管框架，明确美国商品期货交易委员会（CFTC）和美国证券交易委员会（SEC）的管辖权，解决稳定币发行、数字资产税务等问题。[1] 根据该法案对加密数字资产进行的“可以赋予经济、专有或访问权”与“应用加密安全的分布式账本技术”等标准化定义，与 NFT 数字艺术品具有较大的相关性。但 2023 年 3 月 21 日，财政部和美国国税局（IRS）又发布了《处理某些不可替代的代币作为收藏品》[2] 的通知，意在按照收藏品，根据美国

1. Responsible Financial Innovation Act, 117th Congres 2d Sessions S. 4356 (Jun.7, 2022), https://www. congress. gov/117/bills/s4356/BILLS-117s4356is. pdf.
2. Treatment of Certain Nonfungible Tokens as Collectibles, Notice 2023-27, (Mar.21, 2023), https://www.regulations.gov/document/IRS-2023-0011-0001.

《国内收入法典》对 NFT 数字艺术品进行处理。

整体来说，美国没有针对 NFT 制定专门的法规或指南，而是将 NFT 视为数字资产或收藏品，并按照现有的税收规则进行征税。具体而言，NFT 交易的收益或损失被评价为资本收入还是普通收入，会产生不同的税法效果。而区分资本收入与普通收入的标准，主要取决于纳税人是投资者或交易者还是交易商或创作者。

（1）资本收入

一是投资者（Investors）。投资者作为典型的纳税人，他们从价格波动和持有的投资所赚取的收入中获利，但由于不从事贸易和业务，因此可归因于其投资的费用和因投资而产生的损失可能不能基于税收目的而扣除。

二是交易者（Traders）。交易者是专业的“投资者”，他们被视为出于税收目的从事贸易和业务，其买卖资本资产以从市场价格有利变化中获利，但是美国《国内收入法典》和财政部法规都没有对“交易者”作出定义，而针对交易者的司法案件所建立的标准认为，取决于交易活动的频率、范围和规律性；纳税人的投资意向；以及从活动中获得的收入的性质。交易者从事贸易或业务，因此可归因于其投资的普通和必要费用可用于税收抵扣。

除去是否从事贸易或业务而导致的扣除问题外，还可能依据其持有 NFT 的时间长短而决定是适用优惠的长期资本利得税率（即 0%、15% 或 20%）还是适用短期资本利得税率（即普通累进所得税率，目前最高边际税率为 37%）。[1] 一般来说，持有超过 12 个月的 NFT 会产生长期的资本收益或损失，而持有不到 12 个月的 NFT 会产生短期的资本收益或损失。同时，基于纳税人同时可能是收藏家，NFT 可能会被视为“收藏品”而征收 28% 的更高长期资本利得税，资本损失受适用于资本资产的特殊规则约束，可能导致资本损失不可扣除。[2]

（2）普通收入

一是经销商（Dealers）。区别于投资者和交易者，在经销商的正常贸易或业务中，从其存货或库存中向客户出售的物品中获得收入，通常通过报出他们愿意买卖物品的买入价和卖出价来造势，因为他们为自己的账户进行买卖，所以他们将持仓作为其业务活动的一部分，并对这些持仓进行交易。理论上，经销商的利润是基于成本的加价。而决定经销商地位的因素有很多，包括大量的销售和购买量、以经销商的身份向公众展示

1. 而除去资本利得税，高收入者还可能需要缴纳 3.8% 的净投资所得税。
2. I.R.C. § 183（a）一般规则——在个人或 S 公司从事的活动的情况下，如果该活动不是以营利为目的，则本章不允许对此类活动进行扣除，除非本节另有规定。
   I.R.C. § 1211（a）公司——就公司而言，资本资产出售或交换造成的损失只应允许以这种出售或交换的收益为限。
   I.R.C. § 1211（b）其他纳税人——对于公司以外的纳税人，资本资产的销售或交换造成的损失只应允许以此类销售或交换的收益为限，加上以下二者（如果此类损失超过此类收益）中的较低者：纳税年度的应纳税所得额减去但不低于零的金额；3000 美元或者净短期资本损失超过净长期资本收益之和，加上净长期资本损失超过净短期资本收益的一半之和。

自己、有库存商品和从佣金中获利而非升值中获利。[1]经销商在属于其贸易或商业活动一部分的交易中赚取普通收入和损失（非资本），因此按累进税率（目前最高税率为37%）对其收入征税，并且可以扣除一般费用和必要费用。

二是创作者（Creators）。创作者通常是创建NFT并将其在市场上出售的艺术家，其在处置NFT时确认普通收入或损失，[2]并且可能另外对处置获得的任何收入缴纳自雇税（self-employment tax），同时可以扣除一般的以及必要的业务费用。

此外，针对NFT的成本和一些费用，许多NFT平台和视频游戏并不会自动跟踪用户使用NFT的成本和交易，这也就意味着，NFT的创建者和所有者必须保留和维护大量的个人记录以支持他们的税务状况。[3]2021年11月15日颁布的《基础设施投资和就业法》可能影响NFT交易平台的义务。从2023年开始，该立法要求数字资产经纪人（Broker）

1. Nicholas C. Mowbray, Taxation of Non-Fungible Tokens, Mondaq (Jul.22, 2022), https://www. mondaq. com/unitedstates/fin-tech/1214436/taxation-of-non-fungible-token，最后访问时间：2022年9月25日。
2. I. R. C. § 1221（a）一般而言——"资本资产"一词是指纳税人持有的财产（无论是否与其贸易或业务有关），但不包括：I.R.C. § 1221（a）(3）——专利、发明、模型或设计（无论是否获得专利）、秘密公式或方法、版权、文学、音乐或艺术作品、信件、备忘录或类似财产，由纳税人努力创造的财产。
3. Wilson Sonsini Goodrich & Rosati, Video Game NFTs: Top Legal Considerations for Developers，JDSUPPA (Feb.11, 2022), http://www.jdsupra.com/legalnews/video-game-nfts-top-legal-5219005/#:~:text=Video%20Game%20NFTs3A%20Top%20Legal1%20Considerations%20for%20Developers,4.%20Tax%20Treatment%20...%205%205.%20Conclusion%20，最后访问时间：2023年12月6日。

遵守过去仅适用于证券、受监管期货合约和商品的税务信息报告要求。根据这些要求，数字资产经纪人必须提交美国国税局信息申报表（即 IRS 表格 1099-B），其中包含对所售数字资产的简要描述、买卖日期、购买成本、出售时收到的金额，以及经纪人是否在出售时预扣税款。数字资产被定义为“记录在加密保护的分布式账本或 IRS 指定的任何类似技术上的任何价值的数字表示”。[1]“经纪人”一词被定义为包括“（为了对价）而经常充当财产交易或服务中间商的任何主体负责定期提供任何服务，代表他人实现数字资产转移的任何主体”。[2]

除了所得税之外，州和地方还经常征收销售税和使用税。[3]大多数州对有形个人财产和某些服务的销售征收此类税。一些司法管辖区还对某些类型的数字财产的转让征收此类税。例如，得克萨斯州对数字产品的转让征收销售税，前提是该产品以实物形式交付。在对 NFT 作出纳税义务的“软监管”下，美国白宫于 2022 年 9 月 16 日发布首个《负责任开发数字资

1. I.R.C. § 6045（g）(3)（D）数字资产——除非另有规定，否则“数字资产”一词是指记录在加密保护的分布式账本或财政部指定的任何类似技术上的任何数字价值表示。
2. I.R.C. § 6045（c）(1)（D）——任何（出于对价）负责定期提供代表他人进行数字资产转移的任何服务的人。
3. Nathan W. Giesselman, Carl R. Erdmann, David Berke, Martin de Jong, Proliferation of NFT Transactions Raises Numerous US Tax Questions, Skadden (May17, 2021), http://www.skadden.com/insights/publications/2021/05/proliferation-of-nft-transactions，最后访问时间：2023 年 12 月 6 日。

产的综合框架》，其意在要求联邦政府采取有力措施，减少数字化资产可能对消费者、投资者和企业带来的风险。其中规定了价值整合、综合治理、坚持法治三原则。价值整合要求立法者和执法者协调不同主体之间的利益，做到既保护投资人，也要维护公平、有序且高效的市场；综合治理则要求相应的政府职能部门、权力机关、市场主体各司其职、各尽其责，统一协调，发挥合力；坚持法治则要求充分利用现有法律原则和制度加以规范，给予立法者更多时间来观察和研判等。[1]

2. 新加坡

新加坡作为第二大NFT创业地点，该地区拥有超过全球10%的公司，2021年3月11日，加密艺术家Beeple创作的NFT画作《每一天：最初的5000天》的购买者中就有一位来自新加坡。早在2018年10月，金融行动特别工作组（FATF）在《虚拟资产和虚拟资产服务提供商基于风险的方法指南》的术语表中增加两个新的定义："虚拟资产"和"虚拟资产服务提供商"。

金融行动特别工作组将虚拟资产服务提供者定义为从事以下五项活动中一项或多项业务的人士：（1）虚拟资产与法定货

1. 程骞：《既防范风险，又免"误伤"，美国如何治理数字资产》，载微信公众号"财经E法"，2022年10月21日。

币之间的兑换；（2）一种或多种形式的虚拟资产之间的交换；（3）虚拟资产的转让；（4）保管及管理虚拟资产或管制虚拟资产的文书；以及（5）参与及提供与发行人发售及出售虚拟资产有关的金融服务。将虚拟资产定义为价值的数字表示，可以进行数字交易或转移，并可用于支付或投资目的。[1] 而在 2021 年更新的《虚拟资产和虚拟资产服务提供商基于风险的方法指南》[2] 中关于 NFT 进行阐明，认为 NFT 或加密收藏品是指独特而非可互换的数字资产，以及实际用作收藏品而非支付或投资工具的数字资产。

根据金融行动特别工作组的定义，此类资产根据其特性通常不被视为增值资产。但是，关键是要考虑 NFT 的性质及其在实践中的作用，而不是使用什么术语。这是因为无论使用的术语如何，金融行动特别工作组的标准都可能涵盖它们。一些表面上看起来不构成增值服务的非功能性金融交易，如果在实践中用于支付或投资目的，则可能属于增值服务的定义范围。因此根据金融行动特别工作组的标准，NFT 不包括在其对虚拟资产的定义当中，但将作为其他金融资产[3] 纳入金融行动特

1. Explanatory Brief for Financial Services and Markets Bill 2022, Monetary Authority of Singapore (Feb.14, 2022), https://www.mas.gov.sg/news/speeches/2022/explanatory-brief-for-financial-services-and-markets-bill-2022，最后访问时间：2022 年 10 月 29 日。
2. Virtual Assets and Virtual Asset Service Providers, FATF (October 2021)，https://www.fatf-gafi.org/media/fatf/documents/recommendations/Updated-Guidance-VA-VASP.pdf，最后访问时间：2022 年 10 月 29 日。
3. 其他金融资产，诸如证券、商品、衍生品或法定货币。

别工作组标准。同时该指南还认为，鉴于虚拟资产范围正在快速发展，功能性方法在 NFT 和其他类似数字资产加速发展的背景下尤为重要。

2022 年 2 月 15 日，新加坡金融管理局（MAS）表明，如果 NFT 是受到监管的，那么就需要遵守合规要求。在评估产品或活动是否应属于监管范围时，新加坡金融管理局会考虑资产的实质。鉴于 NFT 的基础资产的性质，新加坡金融管理局目前没有对其进行监管，这也是大多数其他主要司法管辖区采取的立场。更根本的是，对于 NFT 等数字通证，新加坡金融管理局采取技术中立的立场，并"仔细查看"令牌的基本特征，以确定它是否受新加坡金融管理局监管。如果 NFT 具有《证券和期货法》(SFA) 规定的资本市场产品的特征，它将受到新加坡金融管理局监管要求的约束。例如，如果 NFT 的结构代表上市股票组合的权利，它将像其他集体投资计划一样受到招股说明书要求、许可和商业行为要求的约束。[1] 同时也提醒消费者，对于数字代币的投资，包括 NFT，并不适合散户投资者，并且多次发布公告，提示消费者在投资时格外小心。

3 月 11 日，新加坡财政部部长黄炳辉（Lawrence Wong）

1. Reply to Parliamentary Question on Regulation of NFT Activities, Monetary Authority of Singapore (Feb.15, 2022), https://www.mas.gov.sg/news/parliamentary-replies/2022/reply-to-parliamentary-question-on-regulation-of-nft-activities，最后访问时间：2022 年 8 月 27 日。

在议会表示，新加坡现行的所得税规则将适用于 NFT 的交易。在议会对国会议员叶汉翁的答复中，黄仁勋表示，所得税待遇“将根据 NFT 的性质和用途来确定”。[1] 然而，由于新加坡没有资本利得税制度，政府不会对资本利得征税。此外，如果个人通过交易 NFT 获利，则该收入将被征税，确定谁在交易 NFT 或从 NFT 交易中赚取收入，新加坡税务局将考虑以下因素：财产类型、购买目的、持有期限、交易频率和数量、抵押品以及适用原因。

5 月 13 日，新加坡最高法院就 BAYC#2162 案件首次作出了出售 NFT 的禁令，[2] 法院禁令裁定 NFT 有资格成为可以保护的数字资产，并阻止 BAYC#2162 的任何销售。OpenSea 也遵守了该禁令，在其网站上将 NFT 标记为“已报告可疑活动”。而据该案原告拉杰库马尔（Rajkumar）的首席法律顾问可知，这是 NFT 第一次在商业纠纷中被认定为是有价值的、需要保护的财产，禁令和裁决意味着法律承认 NFT 是一种数字资产，投资 NFT 的人拥有可以得到保护的权利。

---

1. Megan Cheah Income Tax will Apply to NFT Transactions: Wong，The Business Time (Mar.12, 2022)，https://www.businesstimes.com.sg/government-economy/income-tax-will-apply-to-nft-transactions-wong，最后访问时间：2022 年 3 月 11 日。
2. S'pore Court Legally Recognises NFTs as Assets，NFTNEWSINSIDER (May 24, 2022)，https://nftnewsinsider.com/spore-court-legally-recognises-nfts-as-assets，最后访问时间：2023 年 12 月 6 日。

3. 印度

印度作为 NFT 最大的潜在市场之一，也面临初期的困难。2021 年 6 月，印度最大的加密货币交易所 WazirX 推出了一个主要面向印度艺术家的 NFT 市场。在此之后，印度的 NFT 发展迅速，许多好莱坞名人和体育明星也都推出了 NFT。而随着印度 NFT 创作者的不断激增，收藏家数量并未随着增加。NFT 平台 Kalamint 的创始人桑迪普·桑利（Sandeep Sangli）说："从历史上看，印度人并不是收藏家。印度人还没有真正热衷于将艺术品作为一种资产类别。为了让 NFT 在印度发挥作用，它们需要具备实用性。"[1]

而这种实用性特性与印度政府官方的态度也存在某种契合。近年来，印度政府对于加密货币等虚拟数字资产的交易态度一直在"加强监管"还是"全面禁止"之间摇摆，从中也能看出印度政府深知这种交易包括 NFT 在内是一把双刃剑，其既想要抓住虚拟数字资产的发展机遇，又担心交易潜在的风险和不确定性。依据美国某区块链数据跟踪平台的数据，在其统计的 154 个国家中，印度的加密货币规模目前排名第 11

1. Tanvi Ratna：《为什么印度民众还没有开始购买 NFT？》，载币币情 2022 年 2 月 2 日，https://www.bibiqing.com/news/detail/33744，最后访问时间：2023 年 12 月 6 日。

位。2022 年 3 月，印度联邦议会通过《2022—2023 财年联邦预算法案》。根据该法案，印度联邦议会意识到虚拟数字资产的交易显著增加，而对此种交易的规模和频率使相关部门必须提供特定的税收制度。因此，法案规定自今年 4 月 1 日起任何转让虚拟数字资产的收入应按照 30% 的税率征税。并且为此设定了若干特殊规定：一是除去购置成本外，在计算此类收入时，不得扣除任何支出或津贴；二是虚拟数字资产转让的损失不能与任何其他收入相抵消；三是为了保障税收利益，建议对虚拟数字资产转移有关的付款进行源泉扣税（Tax Deducted at Source，简称 TDS），税率是交易总额的 1%（《印度所得税法》194S 条）；四是虚拟数字资产的赠与也建议在受赠者手中征税。而就其第三点从源泉扣税，[1] 则规定在以下情况下无需进行此项扣除，一是对价由特定人员支付，且该对价的价值或总价值在财政年度内不超过 5 万卢比；二是对价由特定人员以外的任何人支付，且该对价的价值或总价值在财政年度内不超过 1 万卢比。同时对“特定人员”作出定义：一是在“业务或专业的利润和收益”项下没有任何收入的个人或印度教未分割家庭（Hindu Undivided Family，HUF）；二是在“业务或专业的利润和收益”项下有收入的个人或未分割家庭，其所从事业务的总销售额 / 总收入 / 营业额不超过 1000 万卢比，

1. F. No.370142/29/2022-TPL (Part 1) , Government of India Ministry of Finance Department of Revenue Central Board of Direct Taxes (TPL Division), No.14 (1996).

或者从事的营业额不超过50万卢比，而这将在虚拟数字资产（Virtual Digital Asset）转移的财政年度之前的财政年度中看到。

而税务部门也发布了《关于虚拟数字资产交易税收征管以及代扣代缴的操作指南》，并于2022年7月1日生效。该指南明确整个交易过程中各方履行的涉税义务，包括买卖双方、交易所和第三方支付平台等。对于交易涉及现金或是实物的，该指南还阐述各方的税收遵从执行细则，明确了依法依规开展虚拟数字资产交易的交易所和相关人员应遵守的准则，同时规定当交易的对象是实物时，按实物价值扣缴的税款应当折算成现金缴纳。凡通过交易所转让虚拟数字资产，取得的收入全部为实物或“现金+实物”的，可由交易所代扣代缴税款，交易所可根据与买卖双方签订的书面协议来执行。此外，该指南明确了在本财政年度计算相关税款的计算方式以及具体要求，一共包含12条具体内容，其中包括为避免重复征税而明确的扣缴义务条款。最后，针对虚拟数字资产交易的隐蔽性和虚拟数字资产价格的波动性，该指南明确了以下机制：交易时，交易所将对所有交易对象扣缴税款，交易所应保留证明每笔虚拟数字资产涉及交易对象已经缴纳1%源头税的交易记录；交易所应按照当时的市场价格，将该代扣代缴的税款及时转换为可变现为等值的印度卢比的加密货币；当日代扣代缴税款按日累计，每日代扣代缴的税款在当天零点时的累计转换的加密货币余额应根据当天的市场汇率换算为印度卢比；交易双方将通过电子邮件收到交易信息提醒，其中包括实物对价交易涉税总金额以及其所需代扣代缴税款换算成的印度卢比的金额。[1] 这些机制的设计都是为了保证对虚拟数字资产交易征收的税款安全有效。

4．澳大利亚

2022 年 5 月 16 日，澳大利亚税务局（ATO）已将加密资本收益列为 2022 年关注的四个重点领域之一。加密资产是价值的数字表示形式，可以电子方式转移、存储或交易，其中就包括 NFT。加密资产是数字资产的一个子集，它使用加密技术来保护数字数据，并使用分布式账本技术来记录交易。其可以在自己的区块链 [2] 上运行，也可以使用以太坊等现有平台。并且加密资产通常是独立于中央银行、当局或政府运作，但是，涉及加密资产的交易通常受到与资产相同的税收规则约束，其税务处理取决于如何获取、持有和处置资产，加密资产自身并没有特殊的税收规则。在澳大利亚，用户可以在加密交易平台上获取或处置加密资产，也可以直接从数字钱包获取或处置加密资产，同时也可以将加密资产用于交换其他加密资

1. 何振华等:《印度发布加密货币税收征管操作指南》，载《中国税务报》2022 年 8 月 15 日。
2. 区块链是一种安全的数字分类账形式，用于存储加密交易记录。

产、法定货币或商品和服务。

（1）资本利得税

用户使用或交易加密资产的方式将决定用户出于税收目的如何处理它们。这当中可以分为两类情况：

第一，最为常见的用途是用于投资。[1] 作为一般规则，对于投资者：一是加密资产作为资本利得税资产征税，包括投资于加密资产的自我管理养老金（SMSF）；二是质押加密货币的奖励是出于税收目的的普通收入。同时交易加密资产的企业可能需要将其作为交易股票或普通收入（即收入账户而不是投资资本收益或损失）进行会计处理，在此情况下，获取加密资产的成本和处置他们的收益是普通收入或可扣除费用，具体取决于交易的性质。

第二，在某些情况下，加密资产主要不是用于投资，而是个人使用。在满足特定条件的情况下，加密资产不受资本利得税的约束，因为它们被视为个人使用资产。传统的加密货币（如比特币）与不可替代货币都存在由个人使用的情况，在此先讨论传统加密货币情形，对于不可替代货币也有相似可借鉴之处。确定加密资产是否为个人使用资产的相关时间是用户处置它的时间：一是在短时间内获得并使用的加密资产购买供个人使用或消费的物品更有可能是个人使用资产；二是在使用之

1. 投资者购买并持有加密资产，以通过持有或处置它们来赚取经济利润。

前获得并持有一段时间的加密资产，或者仅使用其中的一小部分来供个人使用或消费的物品，不太可能是个人使用资产。由此，在所有权期间，保存或使用加密资产的方式可能会发生变化，这时用户决定何时处置加密资产的主要用途就决定了加密资产是不是个人使用资产。在加密资产属于个人使用资产的同时以不到 10000 美元价格获得它时，处置加密资产的资本收益将被忽略，出于资本利得税目的，用户忽略了对个人使用资产造成的所有资本损失，也就是说，在计算收入年度的净资本收益时，不会考虑此损失，也不能将其作为资本损失结转用于未来的收入年度。而如果用户将加密资产作为投资、在盈利计划中、在开展业务时，以及除去极少数情况，在用户符合必须将加密资产兑换成澳元（或其他加密资产）才能购买供个人使用或消费的物品以及使用支付网络或其他账单支付中介来获取物品（而不是直接使用加密资产获取它们），这些情况加密资产则不属于个人使用资产。

正如澳大利亚税务局专员认为，关于比特币和类似加密货币的指引同样也适用于 NFT。对 NFT 的相关征税也有明确的规定，有关 NFT 的税收主要收取所得税，进一步说是资本利得税。对其税务处理取决于持有者的情况、使用 NFT 的方式、持有 NFT 并进行交易的原因，NFT 可以作为资本利得税制度下的资产、在收入账户上作为交易股票、作为业务的一部分、作为盈利计划，而 NFT 与其他类型的加密资产一样，在极少情况下，持有者也可以将 NFT 作为个人使用资产而免于缴纳资本利得税。[1] 由此可以得知，NFT 交易第一个特殊性在于其相应的税法评价取决于持有或交易 NFT 的用途和原因，换言之就是购买意图和使用目的。而这也就引发 NFT 征税的一个特殊性，对于收藏品抑或艺术品而言，商业性和非商业性是相互排斥的，但是在元宇宙当中，任何人都无法避免 NFT 的商业化。[2] 但是有学者认为，这种商业化不应该影响到 NFT 的商业与非商业的目的区分，对应资本资产与个人使用或享受，相应交易的税务处理还是取决于特定的事实和情况。不同的界定所带来的税法评价不同，界定为资本资产的情况又存在有基于 NFT 价值的波动性质而是否符合折旧资产定义的问题，从而也会影响税收，同时资本资产的业务往来也会涉及成本、支出的扣除。第二个特殊性在于 NFT 与元数据的分离。NFT 代指的一种真实性证书，如果元数据储存在链下或是未与 NFT 储存在一起，那其只是被限制为一种所有权证明，就税收角度还需涉及 NFT 是不是资产，何时是资产以及元数据受影响时资产终止的可能性。

NFT 在收取资本利得税时，则可以进行资本收益和资本损失扣除，但是不能从其他收入中扣除净资本损失，同时如果持有 NFT 至少 12 个月，可以使用资本利得税折扣减少资本

1. Australian Taxation Office，https://www.ato.gov.au/Individuals/Investments-and-assets/Crypto-asset-investments/Transactions---acquiring-and-disposing-of-crypto-assets/Non-fungible-tokens/，最后访问时间：2022 年 9 月 19 日。
2. 参见 Dr. Elizabeth F. Morton and Mr. Michael F. Curran, Understanding Non-Fungible Tokens and the Income Tax Consequences, Working Paper 2022。

收益。通常，在处置资本利得税资产时，会发生资本利得税事件，就加密资产（包括 NFT）而言，包括以下情况：出售加密资产；赠送加密资产；交易、交换后交换一种加密资产，或与另一种加密资产交换；将加密资产转换为澳大利亚货币或外币；使用加密资产购买商品或服务；资产的丢失或损坏；产生合同或其他权利等。而在计算加密资产的资本利得税之前，需要将加密资产的价值转换为澳元，通过总资本收益减去任何资本损失，减去对资本收益的任何资本利得税折扣的权利得出当年的净资本收益纳税，且需要在纳税申报表中报告加密资产的资本利得税。

关于如何确定是否每个资本利得税事件中获得了资本收益或资本损失，就需要用户保留完整的交易记录。其中包括购买、转让或处置加密资产时的收据；每笔交易日期的记录；交易目的和交易方身份（可以只是他们的加密资产地址）；交换记录；每笔交易时以澳元为单位的加密资产价值记录；代理人、会计师和法律费用记录；数字钱包记录和密钥；与管理税务事务相关的软件成本计入等。保持良好的记录对于纳税人的纳税义务履行至关重要。同时还建议定期对交易记录的保存进行备份，以及记录保存的时间至少在五年以涵盖修改期[1]（通常为两年或四年），且记录是英语或可翻译为英语，同时采用书面形式，包括电子或纸质形式。

1. 个人和个体经营者通常有两年时间可以提交对其纳税申报表的修改。

（2）商品与服务税（Goods and Services Tax，简称 GST）

根据商品与服务税规则，NFT 不是一种数字货币形式。对于 NFT 的商品与服务税处理取决于交易是否应税或免税的要求。如果注册了商品与服务税（或必须注册商品与服务税），那么在澳大利亚销售的商品和服务通常应纳税，除非它们免消费税或进项税，要成为应税销售（即价格中包含商品与服务税的销售），销售必须符合以下条件：一是存在某种形式的对价，这通常是货币，但也可以是另一种方式，如提供商品或服务（易货交易）、以不做某事的形式等方式支付对价；二是经营业务过程中的销售，换言之，提供商品或服务必须作为开展业务的一部分，包括所有商业资产的销售以及在建立或结束业务过程中所做的事；三是与澳大利亚管辖权相关的销售，其中包括财产、货物和财产以外的物品。

同时，如果将 NFT 市场作为电子分销平台（EDP）[1] 运营，那么运营商就有责任对 NFT 的销售缴纳商品与服务税。然而并非所有情况都需要由 EDP 运营商负责商品及服务税，第一种，由 EDP 运营商负责。在满足下列条件时对商家通过平台进行的销售支付商品及服务税：平台已注册商品及服务

1. 在以下情况，属于 EDP：一是商家可以使用您的服务向客户进行销售；二是您的服务通过电子通信提供，例如网站、在线市场或应用商店。而在以下情况提供的功能，则不属于 EDP：一是运输服务，例如互联网服务提供商或电信公司；二是访问支付系统或处理付款；三是让客户了解产品并将其链接到商家网站的广告。

税、交易时向消费者出售低价值的进口商品、平台或商家帮助将货物运送到澳大利亚、向澳大利亚消费者销售进口服务或数字产品。此外，如符合销售是以电子方式进行的数字产品或数字服务、EDP 运营商在销售之前与商家签订了书面协议、EDP 运营商已注册商品与服务税这三个条件，则运营商可对商家的销售收取商品与服务税。第二种，由商家负责。此类情况则需要满足下列所有条件：向客户签发一份文件，将销售和商家（不是 EDP 运营商）标识为供应商、商家和 EDP 运营商以书面形式同意商家有责任为销售支付商品及服务税、EDP 运营商不控制销售因素（包括授权向接受者收取供应费用、授权交付供应、直接或间接设定进行销售的任何条款和条件）。此外，EDP 不负责商品与服务税的常见情况还包括：运营一个在线分类网站，客户可以在其中接受商家在消息传递服务上的优惠、对销售的唯一影响是限制商家在网站上使用广告。

表 10　域外 NFT 数字艺术品监管及税务实践一览表

代表国家	监管政策	税法处理	
		交易税法评价	平台义务设定
美国	遵循价值整合、综合治理、坚持法治三原则。	依据不同的主体身份将其评价为资本收入或普通收入；依据持有的时间长短确定适用税率。	提交 IRS 信息申报表，包含数字资产的简要描述、买卖日期、购买成本、出售金额、预扣税款等。

续 表

代表国家	监管政策	税法处理	
		交易税法评价	平台义务设定
新加坡	采取技术中立的立场。	影响因素包括：财产类型、购买目的、持有期限、交易频率及数量等。	若 NFT 作为受监管的数字资产，应遵守合规要求。
印度	整体态度尚未明确，但在税收领域呈现出加强监管的趋势。	转让收入按照 30% 的税率征税；除购置成本不得扣除；对赠与也予以征税。	通过交易所转让的，由其代扣代缴税款；同时，交易所应保留交易记录。
澳大利亚	审慎监管；强调技术中立；监管重点在于交易关系而非 NFT 本身。	购买意图与使用目的决定其具体的税收待遇。	保留完整交易记录，包括购买、转让或处置收据、交易日期、交易目的等；定期备份交易记录；规定保存时间、语种与形式。

二、NFT 数字艺术品税务实践的国际镜鉴

通过对一些典型国家，诸如美国、新加坡、印度、澳大利亚等国对于 NFT 的态度以及相应的监管措施梳理可以看出，各国对于 NFT 并没有采取“一刀切”式全部禁止的态度，如印度在“全面禁止”与“加强监管”中选择了后者，并为此制定了具体的税率，税务机关也为此制定相应的配套措施，其他

各国也是对此有不同的监管政策。由此，可看出对于NFT呈现出一种“加强监管”的趋势，以使其能够发挥更大的作用，如Web3.0、元宇宙等，而在一些国家也通过NFT来送达判决书，一些会议也通过NFT来发送会议记录、指南等。域外制度实践，也给我国提供了一些有益的启示。

1. 适当监管，逐步明确相关规范指南

考察各国对于NFT的态度，有禁止的、有在加强监管和全面禁止之间摇摆者，也有一直持有积极态度应对的，但是最终都是采取加强监管的态度，积极出台相应的监管措施和指南来逐步规范市场，这是值得我国借鉴的。一直以来，我国的监管处于一种收紧的状态，呈现出审慎包容的监管态度。通过梳理国外一些代表国家的监管政策，对于NFT数字艺术品这一新兴产业，我国可以进一步放宽对其交易的限制，在看到NFT数字艺术品可能带来的金融风险的同时也要看到其带来的实体赋能和技术革新的作用，从而明确相关的措施来指导市场，使得市场在规范的框架下运行，将这一新兴事物从无监管或是禁止状态慢慢纳入现有的监管体系和征管体系当中。经合组织（OECD）在2020年10月对此也发布相关报告，建议为加密资产的税务处理提供清晰、及时更新的指引以应对技术的进步；同时需要考虑制定的法律框架与其他资产和新兴领域的

税务处理及目标保持一致。[1]

2. 明晰NFT交易的定性及税法评价

各国对NFT的税务处理，一是将其纳入现行所得税制度，诸如美国、新加坡与澳大利亚。其中，美国根据参与者的身份不同而采取不同措施，其中包括资本收入和普通收入，由此负担的纳税义务也不尽相同，如资本收入采取资本利得税率，依据持有时间长短的不同区分长期资本利得和短期资本利得；普通收入则采取累进税率征收；并且对于是否从事交易或贸易也会引发相关的损失和成本的扣除。而澳大利亚则主要区分商业和非商业使用，税收评价取决于持有或交易的用途，这与新加坡是一致的，只是新加坡并未有资本利得的相关规定，故而采取所得税征收。二是制定特定税率征收，如印度。印度对于此类交易采取30%的税率外加一定条件下的源泉扣税。

对于两种征税模式，考虑我国现状，我国有相对完善的所得税制度、增值税制度、消费税制度等，对不同性质和用途的NFT进行税法规范，需要对NFT进行相关的定位。如当前我国各个交易平台都防止其“证券化”一样，这也是对NFT进行定性的表现。此外，对于NFT的交易行为，主要区分为是

1. 参见金戎：《OECD关于虚拟货币的税务处理与政策报告》，载威科先行财税信息库，2020年12月15日发布。

从事贸易或业务还是只是限于个人使用或享受，就如澳大利亚的商业和非商业区分，其中涉及的除去税率不同，还存在有成本和损失能否扣除的问题，因此，需要对 NFT 的交易行为进行税法定性。

在对 NFT 定性的基础之上，需要对 NFT 交易行为进行税法层面的定性，明确交易过程中的涉税环节，其中不仅包括首次发行、出售，如后续有二次交易或是赠与等环节，是否都需要缴税，税务机关可以通过规范性文件予以明确。如印度出台的《关于虚拟数字资产交易税收征管以及代扣代缴的操作指南》，明确各方的涉税义务以及权利，对交易过程中征税可能引发的问题作出预警和规制措施，诸如重复征税、代扣代缴问题等。通过梳理各国对 NFT 的态度以及税务实践，发现其中有关税率的规定都是偏高的，如美国的最高 31.8%、印度规定的 30% 外加 1% 的税率、韩国的 20% 税率等。而基于 NFT 的属性，现阶段主要应用于数字藏品方面，其价值无疑是逐步递减的，基于税收公平的角度，我国针对 NFT 交易的相关税率不宜过高，这与中国互联网金融协会、中国银行协会、中国证券业协会《关于防范 NFT 相关金融风险的倡议》也是不谋而合的。将 NFT 赋能于实体经济，使得 NFT 行业能够可持续地发展，做到涵养税基，最终增加税收的目的。而低税率一方面有助于提高税收，另一方面更在于能够规范 NFT 行业，促进 NFT 成熟发展，减少投机行为的发生，真正发挥 NFT 本该有的作用。

除去配套措施、税率方面，对于涉税主体也有区分必要，对于个人和企业或是专业投资者，采取不一样的征管措施，如各国都在劝阻散户、个人谨慎投资一样，对个人持有或是售卖与企业和专业投资者区分开，是具有现实意义的。同时，在监管过程中，也要注重各部门的协调，各部门需要紧密合作，避免诸如各部门规定不一致，导致前后矛盾冲突的局面。

3. 交易平台的义务设定

NFT 交易平台应主要关注两个方面：一是国家态度明确前；二是国家态度明确后。

在国家对于 NFT 态度尚不明确之时，首先，需要做到自身行为规范，遵守相关的法律法规，相关交易活动做到在现行法律规定框架内运行，同时减少投机行为；其次，需要制定一些防范预警措施，如对用户上传、铸造的 NFT 进行核验，同时对于平台用户进行检验，诸如用户的身份信息以及对平台用户的个人隐私信息的保护等；最后，需要保存相关的用户交易数据，这是最为重要的涉税依据，需要做到每一笔交易都有所记录，具体可以参照美国及澳大利亚做法，美国要求其数字经纪人提交的 IRS 信息申报表的内容信息，包括所售 NFT 的简要描述、买卖日期、购买成本、出售金额以及平台是否在出售时预扣税款等信息；澳大利亚则要求保存完整的交易记录，如收据，交易时间、目的、身份，交易价值等。

而在国家对于 NFT 态度明确之后，则需要积极履行自身的协助义务，如需缴税，协助税务机关忠实履行代扣代缴义务。同时，自身的涉税方面要及时申报，这在美国对于数字资产经纪人就已有相关规定，我国对于 NFT 交易平台同样可以采取由交易平台自主纳税申报；并且，需要遵守国家在此过程中出台的各项政策和监管措施，就如新加坡作出的第一例禁止裁决，OpenSea 平台也是同样积极地遵守，并在自己平台予以标识。

第四章

NFT 数字艺术品交易行为的税法评价

虽然国内 NFT 数字艺术品交易市场相较于国外而言更为保守，但是目前国内关于 NFT 数字艺术品交易的种类繁多，NFT 数字艺术品交易平台和用户的数量也在不断增加。本章将对国内外主要平台的交易内容、交易规则以及交易费用进行归纳分析，并在此基础上对 NFT 数字艺术品的交易进行类型化分析，并进一步对 NFT 数字艺术品交易的税法性质进行探讨，从而对其中所涉及的税务问题提出观点和建议。[1]

1. 本章内容经部分修改，以“论 NFT 数字艺术品交易的税法规制”为题，发表于《税务研究》2023 年第 6 期。

一、NFT 数字艺术品交易的类型化分析

通过对国内外 NFT 数字艺术品交易平台的类型化分析，有利于从整体层面上掌握其具体交易内容、交易架构以及交易流程，厘清其交易主体、交易行为以及涉税风险等关键问题。

1. NFT 数字艺术品交易平台的类型化

（1）国外主要 NFT 数字艺术品交易平台概述

通过 NFT 数字艺术品交易平台购买和出售 NFT 数字艺术品，是目前 NFT 数字艺术品交易市场的主流交易方式。国外 NFT 数字艺术品发展与国内相比起步较早，NFT 数字艺术品市场规模较大、艺术品种类繁多、用户活跃程度较高。对国外市场规模较大、热度较高、NFT 数字艺术品铸造过程具有代表性的交易平台的 NFT 艺术品交易模式进行分析对比，有利于全面了解 NFT 数字艺术品的交易架构。（见表 11）

OpenSea 是第一个也是目前为止数字商品最多、全球最大的综合 NFT 数字艺术品交易平台，它涵盖广泛的 NFT 数字艺术品类别，包括艺术类、音乐、域名、游戏资产等，并且集成

表 11　国外主要 NFT 数字艺术品交易平台一览表

平台	发布链	代表商品	是否支持二次交易	平台特点
OpenSea	以太坊	CryptoPunks、BAYC、Pudgy Penguins 等	是	NFT 数字艺术品种类多、市场规模大、用户活跃度高。
CryptoKitties	以太坊	CryptoKitties	是	NFT 数字艺术品由算法生产，具有随机性。
SuperRare	以太坊	The Living Doodle	是	艺术家审核机制严格，版权保护机制健全。
Foundation	以太坊	Nyan Cat	是	社群经营模式，只能通过邀请入驻平台。

了各个平台的 NFT 数字艺术品，可以更优惠的价格出售，为用户提供铸造、展示、交易、拍卖 NFT 数字艺术品等一站式服务。OpenSea 完全开放二级市场，并且鼓励用户进行二次交易，平台内的 NFT 价格会随市场行情和供需关系而产生波动。所以绝大多数 NFT 数字艺术品以用户自由创作为主，而且新用户创作 NFT 数字艺术品的自主性很高，用户不但可以创建属于自己的 NFT 专辑，自行编辑专辑名称，而且可以设置每次交易的版权费比例，交易所需的货币种类，作品的授权范围以及作品的数量等。[1]

CryptoKitties（加密猫）是全球最早使用 ERC-721 协议的 NFT 交易平台。CryptoKitties 是一个基于以太坊网络开发

1. 参见程啸主编：《NFT 数字艺术品法律问题研究》，中国法制出版社 2023 年版，第 251—280 页。

的虚拟养猫游戏应用，玩家可在上面买卖并繁殖不同品种的电子宠物小猫。用户可以通过登录 CryptoKitties 官网，对加密猫进行挑选、购买、饲养、交配等操作，同时可以自由转卖已经购买的加密猫，或者出售繁殖出来的后代猫。其创作方式不同于 OpenSea、SuperRare，加密猫的繁殖和生成是由算法进行的，而不是由艺术家所创造的。[1]

SuperRare 是一个专门为专业、知名艺术家打造的 NFT 平台，也是最早成立的 NFT 平台之一。其开创性地将版税收入写入智能合约，并对作品版权有较完善的保护机制。用户想在 SuperRare 出售作品，必须经过平台的严格审核，且审核失败率较高。SuperRare 将版税写入智能合约的做法，确保了艺术家作品转售后可以让艺术家本人获得一定的版税收入。版税不仅仅可以通过一种全新的方式为艺术家带来经济收入，而且在一定程度上激励了艺术家的忠实藏家进行二次销售。

Foundation 是采用社群主导和自动限时拍卖机制的 NFT 数字艺术品交易平台，生成的作品会被放到 OpenSea 发行。其主要特点在于对艺术家准入的限制较高。Foundation 通过限制最初入驻的 50 位艺术家以及社群成员的邀请名额，对平台的用户加以限制。此外，Foundation 所发布的 NFT 数字艺术品主要是通过限时拍卖的方式进行的。艺术家对 NFT 作品设定底价，首个购买者出价后，NFT 数字艺术品会自动开始 24

1. 参见程啸主编：《NFT 数字艺术品法律问题研究》，中国法制出版社 2023 年版，第 251—280 页。

小时限时拍卖。[1]

(2)国内主要 NFT 数字艺术品交易平台概述

由于国内市场的 NFT 数字艺术品交易平台日益增多，各个平台虽都以 NFT 数字艺术品为交易对象，但在交易内容、交易规则、费用收取等方面都存在一定的差异，不能一概而论。本书将对目前国内比较成熟、用户较多且具有代表性的数字艺术品交易平台进行简要分析，例如鲸探、NFT 中国、唯一艺术、优版权等。(见表 12)

表 12　国内主要 NFT 艺术品交易平台一览表

平台	发布链	代表商品	是否支持二次交易	平台特点
鲸探	阿里蚂蚁链	敦煌九天、九色鹿	否	平台发行的数字作品目前只支持个人欣赏、展示以及有限赠与，暂不支持个人用户发行数字作品。
NFT 中国	以太坊公链	陶文元《又是一丰年》	是	支持二次交易以及个人用户发行数字作品。
唯一艺术	Polygon、唯艺链等	故宫系列、敦煌系列、丰子恺系列	是	支持二次交易以及个人艺术家申请入驻。
优版权	天河链	《必由之径》、孔子爷爷	是	支持二次交易，数字作品包括艺术品、音乐、短视频等。

1. 参见《NFT 十大交易平台深度评析，这么做就对了!》，载微信公众号“NFT 猴子”，2023 年 10 月 20 日。

鲸探 App 数字艺术品交易平台由阿里巴巴旗下蚂蚁集团开发。目前在其平台上发行的产品主要有两种：一种是具有使用价值的 NFT 付款码皮肤，用户购买后 NFT 皮肤会显示在付款码的上方；另一种是具有收藏价值的数字艺术品。[1] 平台目前主要通过邀请艺术家进行创作和铸造，还未开放私人创作平台。平台暂不支持以任何方式进行转让或交易，NFT 数字艺术品所有者仅具有收藏、欣赏、向好友展示，以及有限制地赠送的权利（首次购买 180 天后或者受赠者获赠满两年后转赠给他人）。[2]

NFT 中国是一家集 NFT 数字艺术品上链、推广、交易的综合性平台。通过第三方平台的以太坊链向平台用户提供发售、访问、购买数字作品及数字许可作品、数字衍生品等各项居间服务，不参与用户之间的交易。[3]NFT 中国交易平台支持个人用户自己铸造并发行产品，但最多只能上传 20 份作品。[4]NFT 数字艺术品的拥有者享有占有、使用、转让、处分其藏品的权利，NFT 数字许可作品的拥有者还可以在一定的

1. 参见小蓝：《国内外主要交易平台概览》，载微信公众号“BLUE AI LAB”，2022 年 2 月 11 日。
2. 参见鲸探 App：《蚂蚁链数字藏品平台用户服务协议》（2022 年 6 月 30 日），最后访问时间：2022 年 9 月 14 日。
3. 参见《NFT CN 平台服务协议》，载 NFT 中国网 2022 年 4 月 2 日，https://www.nftcn.com/pc/#/Notice_deta_user_f，最后访问时间：2022 年 9 月 14 日。
4. 参见陈丽姗：《国内外 NFT 发行平台对比》，载零壹财经网 2021 年 10 月 22 日，https://www.01caijing.com/finds/details/285803.htm，最后访问时间：2022 年 9 月 14 日。

范围内商业性使用其作品并收取报酬。在交易费用方面，作品首次出售时，NFT 出售者需要向平台支付费用（gas 费）以及作品售出价格一定比例的佣金；作品二次出售时还需要向作品发布方支付作品出售差价的一定比例作为版税。

唯一艺术是由艺术设计圈知名公司和区块链技术团队联袂推出的数字艺术品交易平台。平台主要通过艺术家申请入驻的方式发行作品，目前发行的作品主要分为两种：一种是版权作品，一种是数字衍生品。版权作品的购买者可以享有除 NFT 数字艺术品著作人身权以外的其他著作财产权（包括复制权、发行权、出租权、展览权等）；数字衍生品的购买者，只享有对数字艺术品的占有、使用和处分的权利。[1] 平台支持赠与和二次交易。

优版权是国内最早发行 NFT 数字艺术品的平台之一，其目前的作品大多是自带流量的企业用户，其他个人发行者需要提交作品进行申请才可以发行。平台发行的数字艺术品可以绑定实物权益、作品版权等权益，购买者可以通过使用这些权益获取商业价值。平台支持二次交易。[2] 平台支持通过人民币和央行数字人民币进行充值交易。

1.《权益须知》，载唯一艺术，https://www.theone.art/goods/a0ca00306498ae6ea39ab99747da1dd0，最后访问时间：2022 年 9 月 16 日。

2. 参见陈丽姗：《国内外 NFT 发行平台对比》，载零壹财经网 2021 年 10 月 22 日，https://www.01caijing.com/finds/details/285803.htm，最后访问时间：2022 年 9 月 14 日。

（3）邀请型、入驻型和自由创作型平台

根据平台对 NFT 数字艺术品铸造者的资格限制不同，可以分为邀请型、入驻型和自由创作型交易平台。邀请型 NFT 数字艺术品交易平台是指 NFT 数字艺术品的铸造，主要是通过平台主动邀请艺术家的方式进行，这类平台对艺术家的资格会进行严格审查来保证 NFT 数字艺术品的质量。入驻型 NFT 数字艺术品平台是指 NFT 数字艺术品的铸造，除了平台主动邀请外，其他艺术家可以申请入驻成为 NFT 数字艺术品的铸造者，在经过平台的资格审查后，即可铸造发行 NFT 数字艺术品。自由创作型 NFT 数字艺术品交易平台相比于前两类平台，对 NFT 数字艺术品的铸造者的管理并不严格，平台的任何用户都可以成为 NFT 数字艺术品的铸造者，直接通过平台上传图片、视频、3D 模型等数字作品来铸造 NFT 数字作品。

（4）限制型和开放型交易平台

根据交易平台对二次交易的交易限制不同，可以分为限制型和开放型交易平台。采用限制型交易模式的平台通常以专精化、品牌化为特点，具有自己研发的区块链技术，并且一般会对创作者的资质进行严格把控，创作者大多只有在受到平台邀请或者通过平台的艺术家资格审查后才能够进行 NFT 数字艺术品的创作。平台的普通用户只能在平台上购买、收藏、欣赏 NFT 数字艺术品，并且购买者不能将 NFT 数字艺术品进行二

次销售，只能在满足平台所规定的限制条件下进行转赠。[1]采用限制型交易模式的国内 NFT 数字艺术品交易平台主要有鲸探、幻核、灵稀等平台。采用开放型交易模式的 NFT 交易平台通常以作品丰富、用户规模大为特点，平台通过第三方的区块链技术支持在公有链或联盟链上铸造 NFT 来保持 NFT 数字艺术品的流通性。这类平台赋予了用户较大的自由度，平台支持 NFT 数字艺术品的二次销售，平台用户可以自由转售自己所持有的 NFT 数字艺术品，例如 NFT 中国、唯一艺术、优版权等。[2]

2. NFT 数字艺术品交易标的的类型化

有学者根据 NFT 的应用场景将目前市场上交易的 NFT 划分为虚拟空间资产、独立使用物品、指定兑换物品、特殊标记票证等类型。其将 NFT 数字艺术品归入了独立使用物品类 NFT，认为 NFT 数字艺术品是基于数字艺术品（包括图像、视频、音频、游戏道具等）而铸造的 NFT，购买者可以享有对相应数字作品占有、使用和访问的权利。[3]但是，随着 NFT 数字艺术品市场的不断发展，目前国内交易平台所发行

1. 参见李亚：《NFT 的主要模式及法律风险》，载微信公众号"中闻律师事务所"，2022 年 6 月 21 日。
2. 同上注。
3. NFT 课题组：《NFT 政策研究报告》，载《上海法学研究》集刊 2022 年第 11 卷。

的 NFT 数字艺术品的权益，已经不再仅限于简单的占有、访问、使用等权利。NFT 本质上是区块链上一组加盖时间戳的元数据，这组数据本身并不具有特殊性，NFT 数字艺术品的差异实际上主要体现在数据所指向的底层元素以及铸造者赋予 NFT 的权利的不同。由上文分析可知（详见第二章），NFT 的运用场景的不同使得 NFT 铸造的底层元素具有多样性，可以包括作品、虚拟形象、数字身份、虚拟房屋、数字道具、数字衍生品、数字兑换券、数字会员卡等。但本书所指的 NFT 数字艺术品是基于艺术作品及其衍生品铸造而成的，根据目前市场所流通的 NFT 数字艺术品的底层元素类型和权利属性的差异可以分为五类：NFT 数字作品、NFT 数字许可作品、NFT 实物作品、NFT 数字衍生品、NFT 衍生品。

（1）NFT 数字作品

NFT 数字作品是指购买者在交易完成后，购买者只享有对该 NFT 数字作品进行学习、研究、欣赏、转让、处分的权利，但数字艺术品的知识产权仍由作品知识产权的权利人拥有。数字作品的知识产权并不因数字作品的交易行为而发生任何转移或共享。除另行取得拥有数字作品知识产权的权利人书面同意外，数字作品的持有者不得将数字作品用于任何商业用途。[1] 由于 NFT 数字作品的虚拟性，其权利人仅享有

1. 参见《NFT CN 平台服务协议》，载 NFT 中国网 2022 年 4 月 2 日，https://www.nftcn.com/pc/#/Notice_deta_user_f，最后访问时间：2022 年 9 月 14 日。

访问、浏览、学习的权利，不能完全支配 NFT 所映射数字作品。

（2）NFT 数字许可作品

NFT 数字许可作品，实际表现为“NFT 版权品”以及“NFT 数字许可艺术品”，购买此类 NFT 数字艺术品，买受人不仅可以根据各方协议及授权许可享有对该数字艺术品进行占有、使用、转让、处分的权利，同时可以取得著作权人在全球范围内永久性的著作权使用许可授权（著作权许可使用是著作权人授权他人以一定的方式、在一定的时期和一定的地域范围内商业性使用其作品并收取报酬的行为），部分平台和发行方甚至会同意在购买人购买相关作品时转让著作权的财产性权利（以下仅以授权许可为例）。该许可为非排他性的，可转让但不可转许可的权利。NFT 数字许可作品的知识产权仍由作品知识产权的权利人拥有。此类 NFT 数字艺术品的知识产权并不因其交易行为而发生任何转移。[1] 因此，此类 NFT 数字艺术品的买受人除了享有 NFT 数字艺术品的使用权之外，还享有部分 NFT 数字作品的著作财产权许可，可以在一定的商业范围内使用该数字艺术品。

1.《权益须知》，载唯一艺术，https://www.theone.art/goods/a0ca00306498ae6ea39ab99747da1dd0，最后访问时间：2022 年 9 月 16 日。（唯一艺术平台藏品购买页面的权益须知中允许著作权人转让著作财产权。）

（3）NFT实物作品

NFT实物作品指通过作者的创作活动产生的属于文学、艺术或科学领域内的具有独创性并能以一定形式表现的智力成果，包括艺术藏品、布面油画、版画、纸本水墨等。平台用户购买NFT实物作品购买的是实物作品图片对应的实物，该实物由卖家向用户进行交付，平台上展示NFT实物作品的图片仅是卖家为销售实物作品需要而进行的必要性的展示，用户不得将实物作品的图片进行任何商业使用。

（4）NFT数字衍生品

NFT数字衍生品指与NFT数字作品图案或元素相结合的，具有艺术元素的虚拟徽章、虚拟卡牌、虚拟文具、虚拟生活用品、虚拟服装、虚拟饰品等。平台用户在交易完成后，购买者同样只享有对该NFT数字衍生品进行学习、研究、欣赏、持有的权利，但NFT数字衍生品的知识产权仍由作品知识产权的权利人拥有。NFT数字衍生品的知识产权并不因数字作品的交易行为而发生任何转移或共享。除另行取得拥有数字衍生品知识产权的权利人书面同意外，NFT数字衍生品的持有者不得将数字作品用于任何商业用途。

（5）NFT衍生品

NFT衍生品是指印有NFT数字品的文具、生活用品、服装、饰品以及与NFT数字品元素相结合的具有收藏价值的实物产品等。平台用户购买 NFT 衍生品购买的是衍生品图片对应的实物，该实物由卖家向用户进行交付，平台上展示衍生品的图片仅是卖家为销售衍生品需要而进行的必要性的展示，用户不得将衍生品的图片进行任何商业使用。

表 13　五类 NFT 数字艺术品的对比分析

类目	NFT 数字作品	NFT 数字许可作品	NFT 实物作品	NFT 数字衍生品	NFT 衍生品
底层元素	数字作品	数字许可作品	实物作品	数字衍生品	衍生品
权属类型	持有、欣赏、学习、转让	持有、欣赏、学习、转让著作权许可使用	欣赏、请求交付实物	持有、欣赏、学习、转让	欣赏、请求交付实物

3. NFT 数字艺术品交易流程的类型化

（1）NFT 数字艺术品交易的交易流程

国内 NFT 数字艺术品交易市场主要依托交易平台进行。NFT 数字艺术品交易涉及多方主体，包括作品的原创作者、NFT 发行人、NFT 交易平台、受让人、再次受让人[1]以及区块链技术支持者。NFT 数字艺术品的交易流程可以概括为铸造、出售和转售三个基本环节（见图 2）。一般由发行者在取得原著

1. NFT 再次受让人是指除首次购买者外，再次取得 NFT 数字艺术品的交易者，包括获赠者和再次购买者。

作权人许可的情况下铸造 NFT 数字艺术品，或者由作者本人申请入驻平台、成为平台用户[1]后自行铸造，然后通过 NFT 交易平台发行 NFT 数字艺术品，平台注册用户得以购买发行的 NFT 数字艺术品。购买者能否转售（再次出售）或赠与 NFT 数字艺术品，则需根据不同 NFT 数字艺术品交易平台的具体规则而定。鲸探、幻核、灵稀等交易平台在满足一定的限制条件下可以转赠，NFT 中国、唯一艺术、优版权等交易平台支持购买者二次销售。

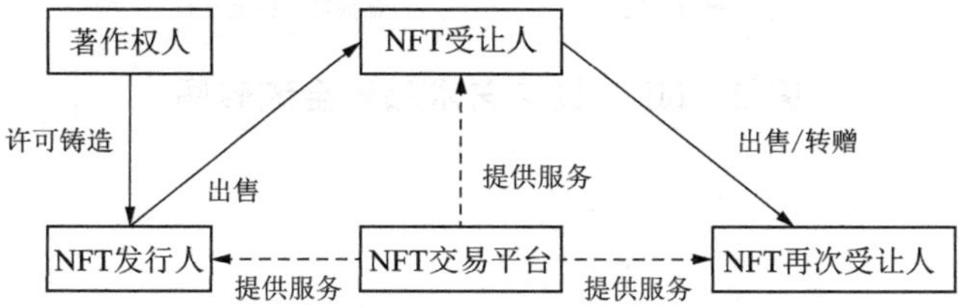

图 2　NFT 数字艺术品交易流程

（2）NFT 数字艺术品交易的支付流程

NFT 数字艺术品的铸造、赠与、销毁，都需向交易平台支付一定的燃料费（手续费），发行者出售 NFT 数字艺术品除支付燃料费外，还应缴纳出售价款的一定比例作为佣金（服务费）（见图 3）。购买者购买特定的 NFT 数字艺术品，只需通过

1. NFT 交易平台对铸造者的限制程度不同，NFT 交易平台可以选择自己邀请作者、允许作者经过平台审核后申请入驻平台，还可以选择允许平台用户自由铸造 NFT。

平台支付价款，但转售 NFT 数字艺术品时，除缴纳燃料费和佣金外，还应向 NFT 数字艺术品铸造者支付出售差价的一定比例作为版费。若转赠 NFT 数字艺术品，或以低于入手价的价格出售，则无须缴纳佣金和版费。

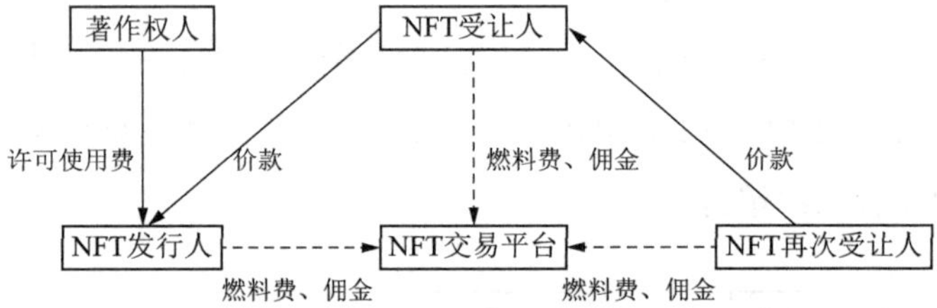

图 3　NFT 数字艺术品资金流转图

二、NFT 数字艺术品铸造行为的税法评价

民商事法律关系的主体和客体不同，产生的纳税义务就不同，所适用的税收规则也不同。例如，基于不同纳税主体身份的不同可以产生不同税种的税法效果，如个人所得税和企业所得税；基于同一纳税主体交易类型的不同，在同一税种上也会产生不同的税法效果。因此，想要厘清 NFT 数字艺术品交易行为中税收法律关系以及各方主体的纳税义务，就必须对不同主体的身份及其交易行为的性质进行分析。NFT 数字艺术品交

易主要涉及著作权人、发行人、受让人和NFT数字艺术品交易平台等主体，由于各方主体的身份既可以是企业，也可以是个人，税收法律关系主要涉及个人所得税、企业所得税以及增值税三种，本书将在上文理论分析的基础上，对NFT数字艺术品交易中各方主体的涉税行为进行税法定性。

1. NFT数字艺术品铸造行为概述

NFT数字艺术品铸造是指由发行人采用或委托第三方采用区块链技术和NFT技术铸造生成NFT数字艺术品的过程，技术上称为“铸造”，即将数字作品的特定信息以智能合约写入区块链中的过程，具体可以分为上链数据的准备阶段和数据上链两个阶段。数据准备过程是指，提取原作品的关键信息，内容包括NFT数字艺术品的标题、数据格式、图片链接等，并将这些信息转化为相应的数据格式进行储存的过程。铸造上链过程是指准备好元数据后，通过工程师编写具体的智能合约，将智能合约写入链上，再调用上链智能合约的铸造函数，将数字艺术品的元数据链接到特定的数字ID上，并将NFT数字艺术品的所有者改为铸造者的过程。[1] 因此，此行为主体涉及著作权人和发行人两方主体，并且此两方主体均可为自然人

1. 程啸主编:《NFT数字艺术品法律问题研究》，中国法制出版社2023年版，第18—19页。

和企业。

具体而言，NFT 数字艺术品的铸造模式和具体行为类型可以概括为以下两种：著作权人的授权许可行为以及发行人的铸造行为，即 NFT 数字艺术品交易平台提供铸造服务的行为。鉴于实践中发行主体的身份不同，具体铸造模式可以归纳为：（1）交易平台接受作者委托，为作者提供 NFT 铸造的技术服务，企业发生提供服务的行为，主要涉及企业所得税和增值税方面的纳税义务。（2）个人作为著作权人，授权交易平台铸造 NFT，为个人著作权许可行为，主要涉及个人所得税和增值税方面的纳税义务。（3）企业作为著作权人，授权交易平台铸造 NFT，为企业转让无形资产的行为，主要涉及企业所得税和增值税方面的纳税义务。简而言之，NFT 数字艺术品的铸造过程中的涉税行为，可以概括为 NFT 数字艺术品平台的服务提供行为、个人的著作权许可行为以及企业的著作权许可行为。

2. 著作权许可行为的税法定性

（1）个人著作权许可行为的税法定性

在个人所得税方面，个人转让著作权根据不同的情形，可以纳入两种所得类型：一种是稿酬所得，一种是特许权使用费所得，甚至在特殊情形下，也可能归入“工资薪金所得”。《中华人民共和国个人所得税法实施条例》（以下简称《个人所得税法实施条例》）第 6 条规定，稿酬所得，是指个人因其作品以图书、报刊等形式出版、发表而取得的所得。特许权使用费所得，是指个人提供专利权、商标权、著作权、非专利技术以及其他特许权的使用权取得的所得；提供著作权的使用权取得的所得，不包括稿酬所得。[1]NFT 数字艺术品作者的授权许可并不属于个人因其作品以及图书、报刊等形式出版、发表而取得所得，而是对数字作品的复制权、改编权等权利的一种特许权使用许可。应当按照《个人所得税法》所规定的特许权使用费缴纳个人所得税。在增值税方面，根据我国《关于全面推开营业税改征增值税试点的通知》(财税〔2016〕36 号，以下简称财税 36 号文）附件 3 第 1 条规定，个人转让著作权属于免征增值税的范围。[2]NFT 数字艺术品的原作者不用缴纳增值税。

（2）企业授权许可行为的税法定性

在企业所得税方面，根据《中华人民共和国企业所得税法》[3]（以下简称《企业所得税法》）及《中华人民共和国企业所得税法实施条例》[4]（以下简称《企业所得税法实施条例》）的规定，企业以货币形式和非货币形式从各种来源取得的收入，为收入总额，具体包括销售货物收入、提供劳务收入、转让财产

1.《个人所得税法实施条例》第 6 条第 1 款第 3 项、第 4 项。
2.《关于全面推开营业税改征增值税试点的通知》，财税〔2016〕36 号，附件 3，2016 年 3 月 23 日发布。
3.《企业所得税法》第 6 条。
4.《企业所得税法实施条例》第 12 条第 2 款。

收入等。转让财产收入，是指企业转让固定资产、生物资产、无形资产、股权、债权等财产取得的收入。企业作为著作权人对发行人进行的授权许可的行为，应当按照转让财产收入缴纳企业所得税。

在增值税方面，根据财税36号文附件1《销售服务、无形资产、不动产注释》[1]的规定，销售无形资产，是指转让无形资产所有权或者使用权的业务活动。这里的无形资产，是指不具实物形态，但是能带来经济利益的资产，包括技术、商标、著作权、商誉、自然资源使用权和其他权益性无形资产。企业作为NFT数字艺术品的作者对铸造者进行授权许可的行为，应当属于增值税法上转让无形资产的行为，需要按照相应的税率缴纳增值税。

3. 平台服务行为的税法定性

铸造发行在实践中主要由NFT数字艺术品交易平台进行，即NFT数字艺术品交易平台通过与第三方区块链服务公司合作或者自身作为区块链技术服务者代为执行，发行人和NFT数字艺术品交易平台之间则构成服务合同关系。NFT数字艺术品交易平台向用户提供铸造发行、访问、出售、购买数字作品

1.《关于全面推开营业税改征增值税试点的通知》，财税〔2016〕36号，附件1，2016年3月23日发布。

及数字许可作品、数字衍生品等各项区块链技术服务。基于这种行为所获得的燃料费和佣金会产生两个税法问题，即 NFT 数字艺术品交易平台是否应当缴纳增值税以及在缴纳企业所得税时成本费用如何计算的问题。

在增值税方面，我国财税 36 号文附件 1《销售服务、无形资产、不动产注释》[1] 就我国境内销售服务的征税范围进行了具体界定。其中第 6 项规定了“现代服务，是指围绕制造业、文化产业、现代物流产业等提供技术性、知识性服务的业务活动。包括研发和技术服务、信息技术服务、文化创意服务、物流辅助服务、租赁服务、鉴证咨询服务、广播影视服务、商务辅助服务和其他现代服务”。NFT 数字艺术品交易平台向用户提供发售、访问、购买 NFT 数字艺术品及数字许可艺术品、数字衍生艺术品等各项技术服务，应当属于增值税征税对象中的现代服务的范畴，平台对其所收取的燃料费和佣金应当按照现代服务业税目征收增值税。NFT 数字艺术品交易平台接受软件硬件基础设施服务方所提供的相应技术支持，如提供足够的网络宽带、数据的存储管理及其他网络技术支持等服务。NFT 数字艺术品交易平台可以根据其取得相应的电信服务、信息技术服务等增值税扣税凭证上注明的增值税税额，从销项税额中抵扣。[2]

1.《关于全面推开营业税改征增值税试点的通知》，财税〔2016〕36 号，附件 1，2016 年 3 月 23 日发布。

2. 秦燕、刘剑：《网络直播平台的税务处理》，载《注册税务师》2021 年第 12 期。

在企业所得税方面，根据《企业所得税法》和《企业所得税法实施条例》的规定，企业以货币形式和非货币形式从各种来源取得的收入，为收入总额，具体包括销售货物收入、提供劳务收入、转让财产收入等。NFT 数字艺术品交易平台提供信息技术服务按照提供劳务收入处理。NFT 交易平台根据用户协议在平台用户交易的过程中所收取的手续费等相关费用，应当在相关劳务活动发生时确认收入。并且，NFT 数字艺术品交易平台在此过程因接受网络技术支持服务等与生产经营相关的、合理的支出，可以在计算应纳税所得额时扣除。[1]

三、NFT 数字艺术品出售行为的税法评价

NFT 数字艺术品发行是指 NFT 数字艺术品的首次出售行为，涉及发行人、交易平台以及买受人之间的法律关系。就交易实践而言，NFT 数字艺术品的出售行为，本质是电子商务法中的买卖行为，涉及电子商务平台、电子商务平台内经营者以及消费者。若 NFT 交易平台仅作为服务提供者，本质上是电子商务平台经营者，向发行人、买受人提供技术服务，交易平台与平台用户（包括发行人、出卖人和买受人）之间构成

1. 秦燕、刘剑:《网络直播平台的税务处理》, 载《注册税务师》2021 年第 12 期。

服务合同关系，发行人与买受人之间则为买卖合同关系。若平台本身作为发行人向购买者销售 NFT 数字艺术品，二者之间同时构成买卖合同关系和服务合同关系。此外，NFT 数字艺术品交易平台作为网络服务、网络经营场所等技术服务的提供者，也是一种提供“现代服务”的行为，可以参照上文铸造行为的税法评价。但是，由于 NFT 数字艺术品作为一种虚拟财产，在交易实践中被赋予的权利类型不尽相同，不同种类的 NFT 数字艺术品作为交易客体也会产生不同的税法效果，下文将逐一分析。

1. 各类 NFT 数字艺术品交易行为的法律性质

（1）NFT 数字作品

由上文分析可知，NFT 数字作品的购买者，对 NFT 数字作品享有持有、欣赏、学习和转让的权利，NFT 数字作品的知识产权并不因其交易行为而发生任何转移或共享。购买者也不能将其所拥有的 NFT 数字作品用于任何商业用途。因此，此类 NFT 数字艺术品交易并不涉及对数字艺术品本身的著作权处分。并且由于 NFT 数字作品的虚拟性，其权利人仅享有占有、使用、转让的权利，具体表现为访问、浏览、学习、欣赏等，并不能完全支配 NFT 所映射的数字艺术品。因此，NFT 数字作品的出售行为实际受让的是一种虚拟财产权，即一种存在于网络虚拟空间、具有一定的经济价值且能够支配和控制特定数据的权利。[1]

（2）NFT 数字许可作品

NFT 数字许可作品（又称 NFT 版权品）与 NFT 数字作品的差异在于，其购买者享有的权利不同。NFT 数字许可艺术品的购买者除了能够获得对该数字许可艺术品进行占有、使用、转让等权利之外，还能取得著作权人在全球范围内永久性的著作权使用许可。在这种情况下，NFT 数字艺术品交易转让的就不仅包括 NFT 数字许可作品的虚拟财产权，还包括数字作品的著作权许可。

（3）NFT 实物作品

用户购买 NFT 实物作品所购买的是其对应的实物艺术品。该实物由卖家向用户进行交付，平台上展示实物作品的图片仅是卖家为了实物作品的销售需要而进行的必要展示，用户不得将实物作品的图片用于任何其他目的。因此，NFT 实物作品的购买者并不享有对 NFT 实物作品的占有、使用的权利，其所拥有的只是请求出售者交付实物作品的实物的权利。在这种情况下，NFT 实物作品的交易就和用户通过网络平台进行购物并无差别，属于民法上转让动产所有权的行为。

1. 参见王紫炎：《虚拟财产交易问题研究》，载微信公众号“天同诉讼圈”，2021 年 3 月 31 日，最后访问时间：2022 年 8 月 3 日。

（4）NFT 数字衍生品

同样，NFT 数字衍生品的购买者，享有对其持有、欣赏、学习和转让的权利，NFT 数字衍生品的知识产权也并不因其交易行为而发生任何转移或共享。购买者也不能将其所拥有的 NFT 数字衍生品用于任何商业用途。因此，此类 NFT 数字艺术品交易也并不涉及对数字衍生品本身的著作权处分。类似于 NFT 数字作品，NFT 数字衍生品的出售行为实际受让的也是一种虚拟财产权。

（5）NFT 衍生品

同理，用户购买 NFT 衍生品所购买的是衍生品图片对应的实物产品。该实物由卖家向用户进行交付，平台上展示衍生品的图片仅是卖家为了衍生品的销售需要而进行的必要展示，用户不得将衍生品的图片用于任何其他目的。因此，NFT 衍生品的购买者并不享有对 NFT 数字衍生品的占有、使用的权利，其所拥有的只是请求出售者交付 NFT 衍生品的实物的权利。因此，在这种情况下，NFT 衍生品的交易和用户通过网络平台进行购物并无差别，亦属于民法上转让动产所有权的行为。

因此，不同种类的 NFT 数字艺术品的出售行为，其在民事法律性质上可以概括为虚拟财产权转让行为、著作权许可行为以及动产所有权转让行为。

表14　各类NFT数字艺术品出售的法律性质

类目	NFT数字作品	NFT数字许可作品	NFT实物作品	NFT数字衍生品	NFT衍生品
底层元素	数字作品	数字许可作品	实物作品	数字衍生品	衍生品
法律性质	虚拟财产权	虚拟财产权、著作权许可使用	动产所有权	虚拟财产权	动产所有权

2. 个人NFT数字艺术品出售行为的税法评价

(1) NFT数字作品和NFT数字衍生品

在个人所得税方面，根据《个人所得税法实施条例》[1]第6条的规定，我国个人所得税法意义上的财产转让所得是指个人转让有价证券、股权、合伙企业中的财产份额、不动产、机器设备、车船以及其他财产取得的所得。由于NFT数字艺术品所有者出售NFT数字作品和NFT数字衍生品，实际上是对此类NFT数字艺术品的虚拟财产的转让，并不涉及数字作品以及数字衍生品本身的知识产权，因此，可以将此类NFT数字艺术品出售行为解释为《个人所得税法实施条例》

1.《个人所得税法实施条例》第6条第1款第8项："财产转让所得，是指个人转让有价证券、股权、合伙企业中的财产份额、不动产、机器设备、车船以及其他财产取得的所得。"

第 6 条规定中的其他财产，个人处分出售 NFT 数字作品和 NFT 数字衍生品应当依照个人所得税法财产转让所得缴纳个人所得税。

在增值税方面，根据我国增值税法律规范[1]的有关规定，我国增值税的课税对象为销售服务、无形资产或者不动产的单位和个人。并且根据财税 36 号文附件 1《销售服务、无形资产、不动产注释》[2]的规定，增值税法意义上销售无形资产，是指转让无形资产所有权或者使用权的业务活动。这里的销售货物指有偿转让货物的所有权。这里的货物是指有形动产，包括电力、热力、气体在内，有偿是指从购买方取得货币或者其他经济利益。这里的无形资产，是指不具实物形态，但是能带来经济利益的资产，包括技术、商标、著作权、商誉、自然资源使用权和其他权益性无形资产。根据上述分析，可以发现，NFT 数字作品和 NFT 数字衍生品显然不能等同于有形动产和电力、热力、气体等自然力，因此其销售行为不能等同于传统意义上的销售货物。但此类 NFT 数字艺术品本身具有财产属性，属于我国民法所保护的虚拟财产，可以将转让 NFT 数字作品和 NFT 数字衍生品的行为依照转让其他权益性的无形资产进行课税。购买方有权请求企业出售方按照 NFT 数字艺术

1.《增值税暂行条例》第 1 条："在中华人民共和国境内销售货物或者加工、修理修配劳务（以下简称劳务），销售服务、无形资产、不动产以及进口货物的单位和个人，为增值税的纳税人，应当依照本条例缴纳增值税。"

2.《关于全面推开营业税改征增值税试点的通知》，财税〔2016〕36 号，附件 1，2016 年 3 月 23 日发布。

品的销售价格开具增值税专用发票。若出卖人为个人，则无法开具增值税专用发票。

（2）NFT 数字许可作品出售行为

由上文分析可知，在 NFT 数字许可作品的出售过程中，其交易客体不仅仅是 NFT 数字许可作品的网络虚拟财产权，还包括数字许可作品本身所承载的著作财产权。对于此类 NFT 数字艺术品的出售行为进行税法评价的关键在于是否需要区别 NFT 数字许可作品的虚拟财产权和著作财产权的价款，对其分别进行课税。本书认为，虽然根据其交易的法律实质对 NFT 数字许可作品的价款进行区分在理论上具有一定的合理性，但就著作权许可的交易实践以及税法上稽征效率原则来看，对其进行区分的实践意义较弱。

首先，从著作权许可使用的交易实践来看，著作权人在进行著作权许可使用的过程中，必然会交付承载着作品的载体，使得合同相对人能够知悉、使用、出版、展览作品。这里的载体既可以是有形的，也可以是无形的。如书籍作者需要把文字作品的纸质稿或者电子稿交付给出版社；摄影作品的作者需要给付照片的原件、复印件或者电子图片；绘画作品的作者，也需要交付复印件或者电子稿。而购买者所享有的 NFT 数字许可作品的虚拟财产权部分，可以相当于传统实物作品的著作财产权转让过程中，作者给予合同相对人的作品载体，只不过这种载体是通过 NFT 的形式展现的。其次，如何合理地区分二者的价款，是要求发行人在销售之前明确界定虚拟财产权部分的价款和著作财产权部分的价款，还是纳税义务人在申报纳税的过程中自行确定二者的比例。前一种方式，在一定程度上增加了发行人的负担，后一种方式在一定程度上增加税务机关进行税务核定的负担。因此，基于税法的稽征效率原则，不对二者进行区分更有利于税收的征管和纳税人的交易，且不会对整体的税赋造成显著的影响。综上所述，本书认为，NFT 数字许可作品的出售行为在税法评价上可以整体按照著作权许可行为进行税务处理。在个人所得税方面，应当按照《个人所得税法》所规定的特许权使用费缴纳个人所得税。在增值税方面，NFT 数字艺术品的原作者不用缴纳增值税。[1]

（3）NFT 实物作品和 NFT 衍生品出售行为

在个人所得税方面，根据《个人所得税法实施条例》第 6 条的规定，我国个人所得税法意义上的财产转让所得是指个人转让有价证券、股权、合伙企业中的财产份额、不动产、机器设备、车船以及其他财产取得的所得。由于转让 NFT 实物作品和 NFT 衍生品的行为实际上属于民法意义上转让动产所有权的行为，属于我国《个人所得税法》上的财产转让行为，因此，销售者应当在减去财产原值和相关费用后按照财产转让所得的税率缴纳个人所得税。

1. 详细参见本书第四章第二部分，对个人著作权许可行为的分析。

在增值税方面，根据我国增值税法律规范[1]的有关规定，我国增值税的课税对象为销售货物、服务、无形资产或者不动产的单位和个人。个人销售 NFT 实物作品和 NFT 衍生品的行为，属于我国增值税法意义上个人销售货物的行为，在销售金额达到标准的情况下，应当按照 3% 的征收率缴纳增值税。

3. 企业 NFT 数字艺术品交易行为的税法评价

（1）NFT 数字作品和 NFT 数字衍生品

在企业所得税方面，企业转让行为和个人转让 NFT 数字作品与 NFT 数字衍生品的行为并无本质上的差异，其主要差异在于纳税主体不同。根据《企业所得税法》的规定，企业所得税的纳税范围包括企业以货币形式和非货币形式从各种来源取得的收入，为收入总额，具体包括销售货物收入、提供劳务收入、转让财产收入等。企业在转让 NFT 数字作品和数字衍生品时，应当依照转让无形资产确认收入，并可以将与铸造 NFT 数字作品和数字衍生品相关的费用计入成本。此外，企业也应当缴纳相应的增值税，在此部分个人和企业在税法定性上不存在差异，可以参照上述对个人出售行为的税法分析。

1.《增值税暂行条例》第 1 条。

（2）NFT 数字许可作品出售行为

在企业所得税方面，企业作为著作权人对发行人进行的授权许可的行为，应当按照转让财产收入缴纳企业所得税。在增值税方面，企业销售 NFT 数字许可作品，应当属于增值税法上转让无形资产的行为，需要按照相应的税率缴纳增值税。[1]

（3）NFT 实物作品和 NFT 衍生品出售行为

在企业所得税方面，根据《企业所得税法》和《企业所得税法实施条例》的规定，企业以货币形式和非货币形式从各种来源取得的收入，为收入总额，具体包括销售货物收入、提供劳务收入、转让财产收入等。企业销售 NFT 衍生品的行为属于销售货物收入，计入企业的收入总额，在扣除费用成本后，统一缴纳企业所得税。

四、NFT 数字艺术品再次交易行为的税法评价

NFT 数字艺术品购买者再次出售所得的收入，与首次出售的税法定性并无差异，但目前 NFT 艺术品交易的合约中规

1. 详细参见本书第四章第二部分，对企业著作权许可行为的分析。

定在 NFT 数字艺术品再次转让的过程中所收取的一定比例的版费，在税法上如何定性存在一定的争议。

1．NFT 数字艺术品版费的理论逻辑

版费，又称版税或版权使用费，是知识产权的原作者或版权持有人对其他使用知识产权的人所收取的金钱利益。[1] 一般购买方为了取得复制或演出作品的权利，才会向作品的著作权人支付版费。但 NFT 数字艺术品交易市场中所收取的版费与传统意义上的版费并不相同。目前国内 NFT 数字艺术品交易平台所收取的版费是指在 NFT 数字艺术品的每一次流转过程中抽取一定比例的价款支付给 NFT 数字艺术品的版权所有人。其与传统意义上的版费的区别在于这种版费是在 NFT 数字艺术品的每一次流转过程中收取的，而传统意义上的版费是作者在许可他人使用自己的作品时，使用者支付给作者的报酬。例如，在图书出版行业，出版商在出版印刷作者的作品时，会基于双方的约定将一定比例的书籍售卖的利润支付给作者。

虽然，我国法律并没有规定作者享有从作品的转售中分享利益的权利，但是 NFT 数字艺术品的作者在 NFT 数字艺术

1. 汤林弟：《中国图书版税制度研究》，北京师范大学 2004 年硕士学位论文。

品的每一次流转的过程中所获得的一定比例的版费，实际上应当是基于著作权理论下的作者对作品所享有的追续权。这一权利起源于 1920 年的法国，并且于 1948 年被纳入《伯尔尼公约》。目前，全球大多数国家对追续权制度持肯定的态度，已有超过 80 个国家创设了追续权制度。[1]

2. NFT 数字艺术品版费的税法定性

如果将 NFT 数字艺术品视为数字作品的无形载体，那么 NFT 数字艺术品的流转可以视为对著作权载体的所有权的移转，相当于传统意义上一本书的所有权的转移，而不是著作权本身的转移。而且在每一次的转让过程中，NFT 数字艺术品的数量并没有增加，并没有行使出版、复制权，不涉及作品的复制发行权。因此，NFT 数字艺术品首次发行过程中所收取的版费，相当于传统意义上基于著作权许可所获得的报酬，可以参照本书上述对著作权许可使用行为的税法分析。但是，NFT 数字艺术品的二次交易过程中支付给原版权所有人的版费，并不能看作是基于著作权使用所获的费用。二次交易过程中支付给原版权人的版费，既包括 NFT 数字作品、NFT 数字衍生品，也包括 NFT 数字许可作品，其经济实质是对资产增

1. 戴哲：《论我国创设追续权制度的正当性》，载《北方法学》2020 年第 4 期。

值收益的分享。

因此本书认为，首先，在个人所得税方面，虽然收取版费的目的在于保护原创作者的知识产权，使原作者在NFT数字艺术品的每次交易中获利，但由于我国现行《著作权法》并没有关于追续权的规定，不能将卖方向原作者支付的版费定义为个人所得税法上的特许权使用费所得。而我国《个人所得税法》采用的是分类税制，只有在某一类收入符合个人所得税所列的九类所得类型的情况下，才能将其纳入个人所得税的课税范围。原作者在NFT数字艺术品流转过程中基于他人转让财产而获得收入的行为，与一般意义上财产所有人通过转让自己的财产而获得收入的行为存在本质差异，不能将其归入个人所得税中财产转让所得的范畴。其次，版费是否收取以及收取多少都取决于买卖双方当事人自己约定，具有一定的可预见性和确定性，也不能归入偶然所得的范畴。因此，根据税收法定原则，对于NFT数字艺术品的原作者基于NFT数字艺术品的再次流转所获的版费，不应当课征个人所得税。但在我国《著作权法》将追续权纳入著作财产权的权利范围的情况下，可以按照特许权使用费进行课税。但对于以销售NFT数字艺术品为业的个人经营者，可以考虑依照经营所得进行课税。

我国企业所得税对应税所得的定义采用的是综合税制，根据企业所得税法规定，企业从各种来源取得的收入不论是货币形式和非货币形式都属于收入总额。企业所获取的版费收入，如果事先在交易合同明确约定，那么这部分收入就属于或有收入，在实现时，应当按照初始交易的性质确定为“转让无形资产”，缴纳企业所得税。

对于增值税而言，其征税客体为每次流转过程的 NFT 数字艺术品的增值额，版费包含在整体的价款当中，并不影响增值税的征税范围。

综上，现行框架下 NFT 数字艺术品交易的税法评价如下（见表 15）。

表 15　NFT 数字艺术品交易的税法定性

		个人所得税	企业所得税	增值税
铸造	著作权许可行为	特许权使用费	转让无形资产	个人免征，企业为转让无形资产
	铸造发行行为	无	提供劳务	提供现代服务
出售	NFT 数字作品和 NFT 数字衍生品	财产转让所得	转让无形资产	转让其他权益性无形资产
	NFT 数字许可作品	特许权使用费	转让无形资产	个人免征，企业为转让无形资产
	NFT 实物作品和 NFT 衍生品	财产转让所得	销售货物	销售货物
再次交易	转售	同 NFT 数字艺术品交易行为		
	版费	NFT 数字艺术品经营者按照经营所得征税；非 NFT 数字艺术品经营者，若追续权设立，按照特许权使用费征税	转让无形资产	不影响征税范围

第五章

NFT 数字艺术品交易平台的法律定位与风险防范

国内 NFT 数字艺术品交易平台如雨后春笋般涌现，考虑到 NFT 数字艺术品交易所产生的经济价值，规范交易平台的税务问题有助于促进该商业模式的有序发展。但是由于相关的法律规定尚未明确，目前的税收制度与税收征管模式难以完全契合此类全新的经济业态。因此，本章聚焦于 NFT 数字艺术品交易平台的税务问题，并在借鉴域外经验与遵循国内法律框架的基础上，提出合理有效的合规建议，以此助力 NFT 交易平台规范健康持续发展。

一、NFT 数字艺术品交易平台的法律定位

前文对不同 NFT 数字艺术品交易行为的税法评价进行了详细的阐释，主要聚焦于不同交易行为的差异和税法效果。不难发现 NFT 数字艺术品交易平台是 NFT 数字艺术品交易的枢纽，在交易过程中发挥着重要作用。因此，下文将以 NFT 数字艺术品交易平台为切入点，具体分析交易平台在 NFT 数字艺术品交易过程中的法律定位及其所负担的潜在税收风险。

1. NFT 数字艺术品交易平台的民商法定位

围绕 NFT 数字艺术品交易所产生的法律关系主体主要包括作品的原创作者（著作权人）、NFT 数字艺术品交易平台、平台内经营者与买受人等基本主体，还包括因辅助线上交易可能涉及的非银行第三方支付机构等服务提供主体。NFT 数字艺术品交易平台作为 NFT 数字艺术品交易的枢纽，其与各方主体存在不同的法律关系，也因其交易行为的多样性，使得其在民商法和税法上具有多重法律定位。

（1）信息网络服务平台

最高人民法院和最高人民检察院颁布的《关于办理非法利用信息网络、帮助信息网络犯罪活动等刑事案件适用法律若干问题的解释》（法释〔2019〕15号）第1条规定，网络服务提供者是指提供以下服务的单位和个人：网络接入、域名注册解析等信息网络接入、计算、存储、传输服务；信息发布、搜索引擎、即时通讯、网络支付、网络预约、网络购物、网络游戏、网络直播、网站建设、安全防护、广告推广、应用商店等信息网络应用服务；利用信息网络提供的电子政务、通信、能源、交通、水利、金融、教育、医疗等公共服务。NFT数字艺术品交易平台利用平台资源为原创作者的作品提供上链铸造的信息存储技术，并且为双方达成交易提供了网络支付、购物场所。因此，交易平台与原创作者或者其他合作方之间建立的一般是服务合同关系，即该交易平台属于提供网络服务的第三方平台。该种法律关系基于双方的协商约定，通常以入驻协议等形式作为双方履约的主要依据。

（2）电子商务经营平台

根据我国《电子商务法》第9条规定，电子商务经营者，是指通过互联网等信息网络从事销售商品或者提供服务经营活动的自然人、法人和非法人组织，包括电子商务平台经营者、平台内经营者以及通过自建网站、其他网络服务销售商品或者提供服务的电子商务经营者。电子商务平台经营者，是指在电子商务中为交易双方或者多方提供网络经营场所、交易撮合、信息发布等服务，供交易双方或者多方独立开展交易活动的法人或者非法人组织。根据交易实践来看，NFT 数字艺术品交易平台在 NFT 数字艺术品的交易过程中可以具有两重身份，其一是电子商务平台经营者，即作为第三方交易平台，为发行人、买受人以及次买受人提供网络经营场所、交易撮合、信息发布等服务。其二，NFT 数字艺术品交易平台本身亦可做发行人，通过自身的网络经营场所来进行 NFT 数字艺术品的售卖，在此意义上，NFT 数字艺术品交易平台也可以成为平台内经营者。但二者都没有脱离《电子商务法》的范畴。

（3）区块链信息服务平台

《区块链信息服务管理规定》第 2 条第 3 款规定，区块链信息服务提供者，是指向社会公众提供区块链信息服务的主体，以及为区块链信息服务的主体提供技术支持的机构或者组织。所谓区块链信息服务，根据《区块链信息服务管理规定》第 2 条第 2 款，是指基于区块链技术或者系统，通过互联网站、应用程序等形式，向社会公众提供信息服务。NFT 交易平台为发行人提供在区块链上铸造 NFT 等的服务，该类服务属于区块链信息服务，因此平台属于区块链信息服务提供者，应遵守《区块链信息服务管理规定》的相关规定。[1]

1. 程啸主编：《NFT 数字艺术品法律问题研究》，中国法制出版社 2023 年版，第 60 页。

2. NFT 数字艺术品交易平台的税法定位

基于上述对 NFT 数字艺术品交易平台的民商法定位分析，可以清晰地识别其基础性的民商事法律关系以及行为，为其税法定位以及税务风险防范提供有效的参照和指引。

(1) 企业所得税纳税义务人

鉴于 NFT 数字艺术品交易平台作为法人的主体身份，其所从事的网络信息服务活动、区块链技术服务活动、电子商务平台经营活动以及销售 NFT 数字艺术品的活动所取得收入，都应当计入企业的收入，按照相关的会计准则进行费用、成本扣除。因此，NFT 数字艺术品交易平台，具有企业所得税法上的纳税义务人身份。

(2) 增值税纳税义务人

根据我国增值税法律规范的相关规定，我国增值税的征税对象为在中国境内发生的销售货物或者加工、修理修配劳务、销售服务、无形资产、不动产以及进口货物。NFT 数字艺术品作为信息网络服务提供者、电子商务平台经营者以及区块链技术服务者，向平台用户销售服务的行为，属于增值税的征税范围。并且，其本身作为平台内经营者销售 NFT 数字艺术品的行为，可以归属于销售无形资产或者销售货物的范畴，也属于增值税的征税范围。因此，NFT 数字艺术品交易平台也需要承担增值税法上的纳税义务。

（3）税收征管协助人

根据我国《电子商务法》第 28 条规定，电子商务平台经营者应当依照税收征收管理法律、行政法规的规定，向税务部门报送平台内经营者的身份信息和与纳税有关的信息，并应当提示依照本法第 10 条规定不需要办理市场主体登记的电子商务经营者依照本法第 11 条第 2 款的规定办理税务登记。NFT 数字艺术品交易平台作为电子商务平台经营者，其对平台内经营者以及平台用户的身份信息和与纳税有关的信息具有信息技术和交易架构上的优势，其也应当依照税收征收管理法以及行政法规的规定，协助税务机关处理获取相关涉税信息以及执行相关税务程序。

二、基于纳税人身份的风险

1. 企业所得税纳税义务

企业所得税是对我国境内的企业和其他取得收入的组织的

生产经营所得和其他所得征收的一种所得税，由此可知，税法并未规定企业可以因经营形式或者主体的不同而享受不同的税收待遇，主要还是按照经营性质进行区分。

以交易平台作为交易场所出售 NFT 数字艺术品是当前最为常见的售卖形式，交易平台出售数字艺术品时可能存在两种应税情形。如果该出售行为被认定为转让数字艺术品所有权的行为，则应当将平台所获收入作为转让财产收入进行处理；但如果该行为属于授权著作权的范畴，则应当将其收入作为特许权使用费处理。根据《企业所得税法实施条例》规定，[1] 转让财产收入是指企业转让无形资产取得的收入，而特许权使用费收入则是指企业提供著作权等权利所取得的收入。

一般情况下交易平台为原创作者提供上链的技术，但若交易平台直接购买数字艺术品则涉及是否能够进行税前扣除的问题。2021 年，国家税务总局在《关于企业所得税若干政策征管口径问题的公告》[2] 中指出，企业购买的艺术品用于收藏、展示或者保值增值的，将作为投资资产进行税务处理。同时，在其持有该资产期间，计提的折旧与摊销费用也不得进行税前扣

1.《企业所得税法实施条例》第 16 条："企业所得税法第六条第（三）项所称转让财产收入，是指企业转让固定资产、生物资产、无形资产、股权、债权等财产取得的收入。"第 20 条："企业所得税法第六条第（七）项所称特许权使用费收入，是指企业提供专利权、非专利技术、商标权、著作权以及其他特许权的使用权取得的收入。"

2. 参见国家税务总局《关于企业所得税若干政策征管口径问题的公告》，国家税务总局公告 2021 年第 17 号，2021 年 6 月发布。

除。该公告的内容是否也适用于 NFT 数字艺术品，取决于未来数字艺术品的性质定位。国内多数交易平台并未允许二次交易，此种情况下，将数字艺术品作为投资资产实现成本扣除存在困境。但对于允许交易方转赠或交易数字艺术品的交易平台，按照公告内容则可以作为投资资产在转让时进行成本扣除。

NFT 数字艺术品作为当前的新兴产业，交易平台可以密切关注当前相关的税收政策以及未来地方政府的扶持政策。根据《企业所得税法》第 28 条规定，符合条件的小型微利企业，[1] 可以减按 20% 的税率征收企业所得税。因此，处于发展前期的交易平台经营者可以重点注意平台业务规模是否符合该税收优惠的适用范围，以此享受该阶段的优惠政策。

2. 增值税纳税义务

增值税是对商品生产与流通以及应税劳务等各环节中的新增价值征收的一种流转税，简单来说，就是对纳税人应税行为的增值额进行征税。增值税的特点是逐环节征税，其税基覆盖面较为广泛。由于增值税具有征收的连续性与普遍性，且实行多级税率，因此企业所面临的增值税涉税事项较为复杂。我国

1.《企业所得税法实施条例》第 92 条第 2 项："其他企业，年度应纳税所得额不超过 30 万元，从业人数不超过 80 人，资产总额不超过 3000 万元。"

增值税相关法律规范规定，在境内进口或者销售货物、提供修理修配劳务的单位和个人，均为增值税的纳税义务人。在 2016 年国家全面开展“营改增”改革之后，所有的销售行为与服务原则上都可以纳入增值税的应税行为范畴之中。即使 NFT 数字艺术品交易作为新兴经济业态，依据现行增值税相关法律也完全具备可税性。

增值税的纳税义务人包括从事增值税应税行为的单位或个人，NFT 数字艺术品交易平台符合增值税纳税人主体条件。增值税税目是指对增值税课税对象分类规定的应税品目，各税目的具体征税范围，按照国家税务总局有关增值税税目注释的规定执行。根据增值税相关法律规范规定，[1] NFT 数字艺术品若作为无形资产，交易平台出售债权类 NFT 数字艺术品应当按照 6% 的税率缴纳增值税；出售知识产权类 NFT 数字艺术品应当按照著作权转让，按照 11% 的税率缴纳增值税。

此外，交易平台收取服务费或者手续费的方式主要有两种：一是平台直接从 NFT 数字艺术品线上成交的价款中按照事先约定抽取一定比例的费用，由第三方支付平台直接向交易平台转移；二是交易平台收取收益后，再与发售方进行分成。据了解，交易平台若开放二手市场，每产生一笔二手交易时平台就会收取包含服务费与版税在内的各项费用。而作为交易平台提供交易服务收取的费用，可能被纳入增值税现代服务的税

1.《增值税暂行条例》第 2 条第 3 项：“纳税人销售服务、无形资产，除本条第一项、第二项、第五项另有规定外，税率为 6%。”

目之中而产生相应的纳税义务，税率为 6%。

如果 NFT 数字艺术品推出拍卖平台，则应适用拍卖文物艺术品增值税的处理办法。拍卖行应当就其拍卖业务所收取的服务费（包括但不限于手续费）收入计算并缴纳增值税，一般纳税人适用 6% 的税率，而小规模纳税人适用简易计税，税率为 3%。同时，拍卖行还应就收取的服务费向委托方或者购买方开具发票。[1] 拍卖行以自己名义开具发票后，对应的价款不计入拍卖行的增值税应税收入。另外，上述交易过程中有关的纸质或者电子证明材料无需报送税务机关备案，但应当留存备查，[2] 进而规避税务风险。

三、基于征管协助人身份的风险

1. 交易平台不存在代扣代缴义务

（1）扣缴义务人的认定标准

关于代扣代缴义务的范围，我国《个人所得税法》第 9 条

1.《发票管理办法》第 18 条规定："销售商品、提供服务以及从事其他经营活动的单位和个人，对外发生经营业务收取款项，收款方应当向付款方开具发票。"

2. 参见国家税务总局《关于明确二手车经销等若干增值税征管问题的公告》，国家税务总局公告 2020 年第 9 号，2020 年 4 月发布。

规定，个人所得税以支付所得的单位或者个人为扣缴义务人。也即，代扣代缴义务是指有关单位和个人因持有纳税人应税收入而负有从其收入中扣除应纳税款并向税务机关缴纳的义务。基于此，是否为扣缴义务人的认定标准主要有以下三点：（1）NFT 交易平台是否为“单位”？（2）如何理解“支付所得”的标准？（3）NFT 交易平台与纳税主体之间存在何种法律关系？

首先，根据税收法律中所界定的“单位”定义，应当是经过依法登记设立的公示性组织，同时还应具备相应的财产基础与责任能力。NFT 交易平台经营者同一般性企业，须办理注册登记等手续，且要求满足一定数额的注册资金，因此属于“单位”的定义范围。其次，存在代扣代缴最典型的情形即为单位代为扣缴其职员或者雇员应当缴纳的个人所得税税款，此情形下单位作为直接支付工资薪金的“支付人”，负有代扣代缴义务并无异议。但对于交易平台而言，平台为入驻艺术家提供的类似于一种居间服务，为其与购买者之间达成交易意向提供一定场所。另外，交易平台给付合作方的费用是基于服务合同这一法律关系，作为形式外观上的“支付人”并不承担代扣代缴个人所得税的义务。在数字艺术品的交易中，交易收益的支付人是艺术品的购买人。

（2）多重支付关系下的扣缴义务人认定

现实中，支付所得的单位和个人与取得所得的人之间可能存在多重支付的关系，导致扣缴义务人难以确定。对于 NFT 交易平台具体表现为，平台与原创作者协议分成的收益是经由第三方支付平台从销售收入中直接向原创作者支付的。进而，在此过程中出现了两种支付关系，即实际支付所得与直接支付所得，分别对应着交易平台与第三方支付平台。针对这一问题，国家税务总局《关于个人所得税偷税案件查处中有关问题的补充通知》作出了关于代扣代缴义务人的统一认定标准。[1]依照该补充通知的要求，为了避免扣缴义务人认定混乱的问题，只要税务机关认定对所得的支付对象和支付数额有决定权的单位和个人，即为扣缴义务人。

但是，依据前述关于交易平台与原创作者之间的法律关系分析，这一认定标准与支付关系的适用仍有歧义。其根本原因在于，履行代扣代缴义务的法律前提是“所得”的性质应为工资薪金或者劳务报酬。从交易平台与原创作者签约的形式上看，显然二者之间并非传统意义上的“用工关系”。因此，在税收法律法规未作出明确规定前，现阶段交易平台尚无代为扣缴的强制性义务。

（3）网络直播平台的参照性

2022 年 3 月，国家互联网信息办公室、国家税务总局同国家市场监督管理总局联合制定了《关于进一步规范网络直播

1. 参见国家税务总局《关于个人所得税偷税案件查处中有关问题的补充通知》，国税函〔1996〕602 号，1996 年 9 月发布。

营利行为促进行业健康发展的意见》。其中提到了，网络直播平台、网络直播服务机构应当明确区分和界定收入的来源与其性质，同时依法履行个人所得税代扣代缴义务。[1]鉴于在 NFT 数字艺术品交易过程中，资金转移与网络直播存在相似性，因而该意见对于交易平台具有一定参考价值。网络直播平台和传统企业的运营模式有所不同，且直播平台和直播者的法律关系也不同，进而其扣缴义务人也会存在一定差异。具有劳动合同关系的直播者，其在平台上进行直播活动，平台则按照双方事先约定的金额向其支付所得，这种模式适用工资、薪金所得项目征收个人所得税。依照现行税收法律的相关规定，此种模式下直播者个人所得的应纳税款应当由该直播平台代扣代缴。而对于平台与直播者是合作关系的分成收入，可以按照劳务报酬计征个人所得税，平台对于直播者的分成收入也有代扣代缴税款的义务。直播平台一般只对与其存在劳动雇佣关系的直播者进行代扣代缴，对于其他自由直播者则不履行该义务。

相比之下，当前 NFT 数字艺术品交易平台都配套了相对完善的第三方支付平台，以此保障线上交易过程中资金转移的安全。多数第三方支付平台将在交易方确认交易全部完成以及无误后，再将转移至该平台的货款支付给交易平台，在这一过程中，第三方支付平台也同时掌握着交易环节的所有资金流转信息。一般情况下，支付人为扣缴义务人，交易平台是否存在

1. 参见《关于进一步规范网络直播营利行为促进行业健康发展的意见》，税总所得发〔2022〕25 号，2022 年 3 月发布。

代扣代缴义务，主要取决于平台与原创作者（或发行方）之间的法律关系与平台给付收益的形式。如果交易平台与发行方之间签订了类似于雇佣关系的协议或者合同，交易后由平台向发行方支付收益，则该平台在税法上可能负有代扣代缴的义务。但实践中，目前 NFT 数字艺术品交易所得并非劳务所得，交易平台没有法律上的代扣代缴义务。基于此，交易平台在与发行方签订合同时应当明晰该合同的法律性质，厘清双方的权利义务，否则依照税法规定，符合劳务合同特征的交易平台应履行其代扣代缴税款的义务。

（4）交易平台其他业务的扣缴义务

除了出售 NFT 数字艺术品这一主营业务外，交易平台还存在部分交易中附赠购买方相关赠品的情况，根据财政部、国家税务总局《关于企业促销展业赠送礼品有关个人所得税问题的通知》中的相关表述，[1] 属于企业在向个人销售商品（产品）和提供服务的同时给予赠品或者对累积消费达到一定额度的个人按消费积分反馈礼品的，不征收个人所得税。与之相对应的，企业对于此种情形也不负有代扣代缴税款的义务。

（5）交易平台代征尚有合法性争议

除代扣代缴的方式外，为解决税收征管效率的问题，部分

---

1. 参见财政部、国家税务总局《关于企业促销展业赠送礼品有关个人所得税问题的通知》，财税〔2011〕50 号，2011 年 6 月发布。

地区采用委托代征的模式。委托代征，是指税务机关以相关法律法规为依据，为方便税收征管，在双方达成合意的基础上，委托符合代征条件的单位和人员代征税款的行为。而委托代征平台，须依法注册并取得税务机关授予的代征资质，进而提供税收代征服务。同代扣代缴征收方式一致，委托代征也以个人所得税作为主要代征税种。不同之处在于，依照《税收征管法》相关规定，扣缴义务人所承担的义务为法定义务。而在委托代征关系中，法律关系的确定是基于双方的合意，意味着代征主体的法律责任存在明显盲区。倘若法律责任所具有的预防、惩罚与救济功能难以得到充分发挥，可能将导致代征税款的安全性成为现实问题。

尽管委托代征在一定程度上确实能够充分发挥交易平台的优势，减轻税务机关的税收征管压力，但是，需要注意，委托代征模式的相关制度无法完全契合当前 NFT 数字艺术品产业这一新业态，目前还不能根据新经济模式的特殊性细化有关规则，在实践中容易引发一些问题。首先，各地对于委托代征的态度并未统一。现阶段，《委托代征管理办法》没有结合数字产业的特点对有关规定进行细化，导致不同地区持有不同甚至相反的观点。其次，税务机关本就难以掌握全面、准确的涉税信息，委托代征模式可能增加虚开发票或少缴税款的现象。因此，关于委托代征在 NFT 数字产业领域的法律适用性以及规范管理，有待进一步研究，并作出明确规定。

2. 交易平台存在涉税信息提供义务

(1)涉税信息提供义务的合法性

涉税信息是税务机关进行税收征管工作的前提和基础，从我国现行税收法律法规与税收政策文件层面上看，涉税信息的概念尚未得到明确的厘定。国家税务总局发布的《涉税信息查询管理办法》则更多是为了促进纳税人的税法遵从而制定的，其界定的涉税信息内涵较为狭窄。[1]2021 年，《关于进一步深化税收征管改革的意见》则明确指出，将全面推进税收征管数字化升级和智能化改造。其中，深化税收大数据共享应用是改革的重点之一。[2]我国《税收征收管理法》第 6 条第 2 款[3]规定了可能拥有涉税信息的主体负有信息提供义务，但是该规定并未明晰信息的具体内容。

互联网平台交易具有网络性、虚拟性以及隐蔽性等特征，税务机关难以准确掌握合同流与现金流等交易信息。但交易平台依托互联网进行线上交易，完全掌握用户相关信息，并且能

1. 参见《涉税信息查询管理办法》，财税〔2016〕41 号，2016 年 6 月发布。
2. 参见《关于进一步深化税收征管改革的意见》，税总发〔2021〕21 号，2021 年 3 月发布。
3.《税收征收管理法》第 6 条第 2 款："纳税人、扣缴义务人和其他有关单位应当按照国家有关规定如实向税务机关提供与纳税和代扣代缴、代收代缴税款有关的信息。"

够准确记录交易时间与交易金额等其他交易信息。应当说，交易平台对于税收征管的协助具有十分重要的作用。然而，如前所述，现行的相关法律法规对于交易平台在信息报送义务方面的规定仍不完善，仅表明具有义务，但尚未对报送信息的时间、方式等具体细节作详细的解释说明，缺乏可操作性。

NFT 数字艺术品采用线上交易的模式，应当适用电子商务相关法律规定。我国《电子商务法》第 2 条对电子商务进行了界定，[1] 通过对照，当前我国大多数 NFT 交易平台上的交易基本符合电子商务的要求。首先，NFT 数字艺术品作为一种标的物，以金钱给付的形式通过互联网进行交易或者转让，具有一定价值性与可支配性，具有被定义为商品的可能。其次，NFT 交易平台与传统电子商务平台的最大区别在于其是利用智能合约代替电商平台所具有的职能。但这二者实际并无本质不同，只是借助的载体有所差异。此外，国内 NFT 市场尚处于起步探索阶段，但已有多部门以及协会以政策文件或者倡议的方式对 NFT 炒作风险进行了提示，其核心在于遏制 NFT 金融化。因此，总体来看，NFT 交易平台在数字艺术品的整个交易流程中需要提供交易撮合与信息发布等服务，符合《电子商务法》的要求。

1.《电子商务法》第 2 条："本法所称电子商务，是指通过互联网等信息网络销售商品或者提供服务的经营活动。法律、行政法规对销售商品或者提供服务有规定的，适用其规定。金融类产品和服务，利用信息网络提供新闻信息、音视频节目、出版以及文化产品等内容方面的服务，不适用本法。"

此外,《电子商务法》第 28 条第 2 款[1]即要求经营平台报送有关涉税信息，以便税务机关及时掌握交易情况。该条款不仅规定了平台的涉税信息报送义务，同时也指出了该义务应当按照现行税收法律法规的要求履行。此处“依照税收征管法律、行政法规的规定”作为引致条款的设计，意味着立法为税务机关对该原则性规定预留了一定的解释空间。[2]因此，在理解与适用此条款时，还应当参照其他相关规定或者管理办法进行全面考量。2021 年 12 月 24 日，国家发展改革委同国家税务总局等九部门联合发布《关于推动平台经济规范健康持续发展的若干意见》，[3]该意见指出要强化平台企业涉税信息报送等税收协助义务，加强平台企业税收监管，依法查处虚开发票、逃税等涉税违法行为。现行《税收征收管理法》第 57 条规定[4]也明确了纳税主体接受税务机关税务检查时提供相关资料的协力义务。并且，2015 年《税收征收管理法修订草案（征求意

1.《电子商务法》第 28 条第 2 款:“电子商务平台经营者应当依照税收征收管理法律、行政法规的规定，向税务部门报送平台内经营者的身份信息和与纳税有关的信息。”

2. 田开友:《电子商务平台经营者涉税信息报送义务履行的规范化研究——基于我国〈电子商务法〉第 28 条规定的阐释》，载《政治与法律》2021 年第 3 期。

3. 参见《关于推动平台经济规范健康持续发展的若干意见》，发改高技〔2021〕1872 号，2021 年 12 月发布。

4.《税收征收管理法》第 57 条规定:“税务机关依法进行税务检查时，有权向有关单位和个人调查纳税人、扣缴义务人和其他当事人与纳税或者代扣代缴、代收代缴税款有关的情况，有关单位和个人有义务向税务机关如实提供有关资料及证明材料。”

见稿）》第 30 条[1]也确定了纳税人及相关第三方具有提交涉税信息的义务，而第 33 条[2]则直接指出网络交易平台应当提供交易者的登记注册信息。虽然，目前法律没有明确规定涉税信息报送义务，但在具体案件中，税务机关有权要求相关企业进行相应的涉税信息报送义务。

近年，国外部分交易平台未核实注册用户的真实信息，加剧了平台运营的法律风险。[3]不仅如此，实名制已经成为有效追责的重要手段，并且在实际中较易操作。交易平台依托互联网进行线上交易，为交易方提供购买与资金流转渠道，对平台上进行的交易时间与金额等信息有着准确的记录。有鉴于此，NFT 数字艺术品交易平台应当在前期做好用户的信息登记与管理，特别是用户的身份信息与账户信息等数据应做好存储工作。

同时，需要说明的是，交易平台的此项义务应当是辅助性的，而非主动向税务机关报告交易用户的涉税风险，因为法律上能够引发该义务的是税务机关查明应税事实过程中要求平台配合调查的实际需要，[4]即为一种有限度的协力义务。

1.《税收征收管理法修订草案（征求意见稿）》第 30 条规定："纳税人及与纳税相关的第三方应当按照规定提交涉税信息。"

2.《税收征收管理法修订草案（征求意见稿）》第 33 条规定："网络交易平台应当向税务机关提供电子商务交易者的登记注册信息。"

3. 邓建鹏、张祎宁：《非同质化通证的法律问题与应对思考》，载《民主与科学》2022 年第 2 期。

4. 郑伊：《论网络平台的涉税信息披露义务》，载《税务研究》2021 年第 10 期。

（2）涉税信息提供义务的合理性

2021 年《个人信息保护法》颁布与实施，意味着对涉税信息的使用与保护提出了更高的要求。当前电子商务与平台经济等新兴商业模式打破了传统经济业态，其极强的隐匿性无形之中加大了涉税信息管理的难度。[1] 因而，在肯定 NFT 数字艺术品交易平台提供涉税信息的基础之上，也不得忽略所涉信息被泄露或者滥用的风险。

实际上，先于《个人信息保护法》正式施行的《民法典》，已经在有关人格权的章节中明确个人信息受法律保护。具体而言，在第 1034 条第 2 款与第 3 款规定中，[2] 采取列举的方式说明个人信息一般性的范围界定，并且指出涉及隐私性个人信息的直接适用隐私权的相关规定。第 1035 条规定则要求处理个人信息应当遵循合法、正当与必要原则，此条文可作为法律保护个人信息的原则性规定。

具体到交易平台履行涉税信息提供义务，可作以下理解：首先，税务机关要求纳税人履行此义务时必须具备合法性，即该要求是基于税收征管的需要。其次，正当性意味着税务机关

1. 闫海、冯硕：《纳税人信息保护和涉税信息管理的冲突与协调——以〈个人信息保护法〉为视角》，载《税务研究》2022 年第 4 期。

2.《民法典》第 1034 条："个人信息是以电子或者其他方式记录的能够单独或者与其他信息结合识别特定自然人的各种信息，包括自然人的姓名、出生日期、身份证件号码、生物识别信息、住址、电话号码、电子邮箱、健康信息、行踪信息等。个人信息中的私密信息，适用有关隐私权的规定；没有规定的，适用有关个人信息保护的规定。"

对于所掌握的涉税信息应当做好信息保护工作，切实保障信息提供者的信赖利益不受损害。最后，在建立信息共享机制的背景下，无疑急剧拓宽了信息共享的交互范围，一定程度上也是对信息安全性的削弱。据此，必要性强调税务机关获取与利用纳税人涉税信息应当保持必要的限度，并且获取信息仅为及时足额征收税款，其介入不得触及对纳税人私密或者敏感信息的侵犯。

（3）交易平台本身也具有信息保护义务

在移动互联网时代，具有市场支配地位的平台经营者可以通过多种渠道获取平台用户的各种信息，包括且不限于获取用户一定权限以调用相关数据，以及获取用户搜索、浏览记录等。此外，在实际操作中，部分交易平台 App 在收集用户个人信息时并未保障其知情权，甚至存在过度收集用户非必要个人信息且侵害用户权益的情况。基于提供涉税信息义务，NFT 数字艺术品交易平台享有要求税务机关合法且合理使用所获信息的权利。

与此同时，作为信息提供者，交易平台也需对用户的个人信息尽到一定的保密责任，即交易平台同为《个人信息保护法》的适用主体。无论是交易平台主动获取还是用户上传与自身相关的数据，平台都直接掌控着这些数据的存储和使用。某种意义上，数据垄断也是引发信息安全的原因之一。当前我国的立法和监管政策对个人信息保护提出更为特殊和严格的要求，NFT 数字艺术品交易平台在处理相关信息时应当注意遵守。例如，用户在开始交易之前，须完成实名认证。交易平台应当限于实现交易目的的范围收集用户的个人信息，同时还必须以显著的方式清晰完整地表述在用户服务协议中进行告知。并且，交易平台对于所收集的用户信息也不得随意使用与处理。再者，国内大多数交易平台采用的是非完全去中心化的联盟链，因此在进行联盟链互通互联的过程中也应当注意数据共享时的信息安全问题。

未来，随着 NFT 数字艺术品的发展趋于成熟化，用户以及交易平台的信息安全势必将面临更加严峻的挑战。尤其是对于交易平台而言，可能面临更严的监管与更重的责任。因此，交易平台可以依靠自身团队或者是寻求第三方的技术支持，以提升平台信息安全建设能力。

（4）交易平台对交易主体的监督义务

现阶段的 NFT 数字艺术品发展仍以平台模式为主，法律对其监管重点必然聚焦于交易平台。因此，交易平台本身也需要履行一定的监督义务。NFT 数字艺术品借助其虚拟化的交易过程与天然的金融属性，极易引发洗钱与炒作等不法行为，有必要从交易平台入手建立相应的风险监督措施。[1] 从国家发布的系列政策文件的举措来看，当前我国正逐步强化对区块链领

1. 刘双舟、郭志伟：《NFT 在数字艺术品市场中的应用风险与防范》，载《艺术管理（中英文）》2022 年第 1 期。

域的金融监管，未来对 NFT 数字艺术品发展的监管势在必行。

① 民商法领域

NFT 数字艺术品的铸造与交易所形成的有关数据均保存于交易平台相应的网络服务器，交易平台对此具有较强的控制与管理能力。此外，入驻交易平台的商家根据平台发布的要求，完成其作品的上传并进入审核环节，通过审核并最终作为数字艺术品在平台上交易。可见，交易平台对于 NFT 数字艺术品及其交易主体的合法合规本身具备天然的监督优势。同时，NFT 交易平台作为 NFT 数字艺术品创作与发行交易的直接受益者，更应明确平台相关责任，主动承担监督交易主体的义务并配合相关部门的监督，由此规避平台被动的事后审查责任。

2022 年 4 月 20 日，杭州互联网法院依法公开审理奇策公司与某科技公司侵害作品信息网络传播权纠纷一案，作为国内首例 NFT 作品侵权案，该案对交易平台的规范发展具有一定指导意义。区别于电子商务平台的盈利模式，NFT 交易平台是直接从数字艺术品获得经济利益，应对此负有相应的注意义务，[1] 具体包括对数字艺术品内容合法性的审查。并且，法院认为 NFT 数字艺术品交易平台不是一般的网络服务提供者，需要履行更高的注意义务。与此同时，同样在杭州互联网法院审

1. 参见最高人民法院《关于审理侵害信息网络传播权民事纠纷案件适用法律若干问题的规定》第 11 条规定："网络服务提供者从网络用户提供的作品中获得经济利益的，应负有较高的注意义务。"

理的 NFT 信息网络买卖合同纠纷案中，法院认为案涉交易对象 NFT 数字艺术品依托区块链技术存在，购买者必然系区块链信息服务使用者，因此 NFT 交易平台有必要要求该用户在交易过程中实名认证并填写真实个人信息。[1] 可见，在当前国内对 NFT 数字艺术品监管尚处于缺位的情况下，NFT 交易平台理应先行承担起监督义务，防范交易风险，促使 NFT 数字艺术品交易的合规化运营。

总之，网络环境的特殊性与区块链技术的复杂性决定了 NFT 交易平台对其所发行与出售的 NFT 作品是否合法合规负有直接的监督责任和义务，这也是当下司法实践中对于类似案件的处理较为主流的观点。虽然 NFT 数字艺术品相关产业在我国的开展如火如荼，但当前税法配套监管尚且缺位。在这样的环境下，NFT 交易平台需注意收集与存储相关交易信息，尽量规范自身的交易行为。

② 税法领域

如前所述，尽管法律规定仍未细化且较为模糊，但交易平台确有一定的涉税信息报送义务。那么此项义务是否能够进而引申至交易平台具有监督交易双方履行纳税义务的责任，也有待进一步分析以及未来法律法规的明确。

2021 年 10 月 29 日，国家市场监督管理总局发布了关于对《互联网平台分类分级指南（征求意见稿）》（以下简称《分

1. 杭州互联网法院（2022）浙 0192 民初 2860 号民事判决书。

类指南》）和《互联网平台落实主体责任指南（征求意见稿）》（以下简称《责任指南》）公开征求意见的公告。此举旨在推动平台经济规范发展、保护市场公平竞争、维护消费者权益，同时也表明我国对互联网平台的治理迈出了新的步伐。根据《分类指南》，互联网平台分级之后，平台企业所应承担的责任就更加明晰。通过科学界定平台类别，合理划分平台等级，从而增强平台监督的针对性与有效性。而对于《责任指南》而言，实际上并非对平台企业责任的加重，而是使其清晰化，便于平台作自身合规检查。其中，第 33 条明确指出，互联网平台经营者[1]应当按照规定向税务部门报送平台内经营者身份信息和纳税有关信息，并提示有关主体办理税务登记。

在此背景下，该条规定在一定程度上倾向于肯定了交易平台具有监督缴纳税款的义务。具体而言，交易平台在事前可以预先在平台界面对用户做一定的纳税提示，也是对自身履行该义务的一种证明。而在事后阶段，平台的监督义务主要表现在相关涉税信息的报送义务上。作为一种间接监督的方式，有助于税务机关及时掌握平台用户的交易情况，减少因信息不对称而带来的少缴或者规避税款的现象。当然，交易平台承担此义务也应具有一定的限度，不宜过于苛刻，额外增加平台的责任。

一方面，《分类指南》界定了各平台类型并不表明其能够

1. 平台经营者是指向自然人、法人及其他市场主体提供经营场所、交易撮合、信息发布等互联网平台服务的法人及非法人组织。

必然涵盖 NFT 数字艺术品交易平台。（见下表 16）毕竟，平台责任的承担以符合适用主体为前提条件。是否能够依照“功能等同”的认定思路将 NFT 数字艺术品交易平台纳入一般性电商平台的监管范围，并且要求其承担相应的平台责任，仍未在法理层面厘清。[1]

表 16　平台分类表

平台类别	连接属性	主要功能
网络销售类平台	连接人与商品	交易功能
生活服务类平台	连接人与服务	服务功能
社交娱乐类平台	连接人与人	社交娱乐功能
信息资讯类平台	连接人与信息	信息资讯功能
金融服务类平台	连接人与资金	融资功能
计算应用类平台	连接人与计算能力	网络计算功能

（资料来源：国家市场监督管理总局官网）

另一方面，《责任指南》对于平台责任的区分凸显的是一种治理因素。换句话说，平台责任并非一个法定概念，而是一种包容性极强的复合内涵。若是基于此种理解，要求交易平台监督平台内经营者是否纳税的义务也不一定是某种特定的法定义务，实际上是要求平台能够重视自身的角色定位并自觉承担起应尽的责任。由此观之，平台责任可能在某种程度上兼具法

1. 薛军：《〈电子商务法〉平台责任的内涵及其适用模式》，载《法律科学（西北政法大学学报）》2023 年第 1 期。

定责任与社会责任的双重属性，未来仍然需要我国法律法规作出进一步的明确，以确保平台责任在理论建构与法律适用上的逻辑性与完整性。

表 17　基于征管协助人的涉税概况

	相关依据	前提条件	是否具备
代扣代缴义务	法律及政策依据：《税收征收管理法》第 4 条第 2 款、《个人所得税法》第 9 条、《关于个人所得税偷税案件查处中有关问题的补充通知》。	交易平台与原创作者间应为劳动合同关系，且支付所得性质为工资薪金或劳务报酬，平台对支付对象与数额应有决定权。	否
涉税信息提供义务	法律及政策依据：《电子商务法》第 28 条第 2 款、《税收征收管理法》第 6 条第 2 款及第 57 条、《税收征收管理法修订草案（征求意见稿）》第 30 条、《关于推动平台经济规范健康持续发展的若干意见》。	交易平台提供交易撮合与信息发布等服务，同时储存相关交易时间与金额等信息，应为一种有限度的协力义务。	是
监督义务	司法裁判依据：（2022）浙 0192 民初 1008 号民事判决书、（2022）浙 0192 民初 2860 号民事判决书。	发行与交易的直接受益者，能够从中获取经济利益。	是

第六章

新趋势下 NFT 数字艺术品交易的合规策略

现阶段，我国的 NFT 数字艺术品因其金融属性正面临较为严格的监管趋向。但随着 NFT 数字艺术品的经济价值提升和国内平台的积极探索，未来我国 NFT 数字艺术品的发展势必将实现更深层次的进阶。因此，本章将在前文的研究基础上，通过分析未来国家对 NFT 数字艺术品的监管趋势与数字经济背景下税务机关征管方式的相应转变，分别提出 NFT 数字艺术品交易及 NFT 数字艺术品交易平台可能面临的税务问题，同时予以相应的合规建议。

一、NFT 数字艺术品交易及其监管新趋势

1. NFT 数字艺术品交易的发展新趋势

目前我国 NFT 数字艺术品交易，由于区块链技术的发展不足，以及我国对虚拟货币的严格监管，NFT 数字艺术品的流通受到了一定阻碍。但是这种阻碍会随着区块链技术和数字货币技术的不断发展逐渐消除，我国 NFT 数字艺术品的交易环境也将发生一定的变化。

（1）交易市场全球化

2018 年 5 月，习近平在中国科学院第十九次院士大会、中国工程院第十四次院士大会上的讲话提到，“进入 21 世纪以来，全球科技创新进入空前密集活跃的时期，新一轮科技革命和产业变革正在重构全球创新版图、重塑全球经济结构。以人工智能、量子信息、移动通信、物联网、区块链为代表的新一代信息技术加速突破应用”。[1] 区块链作为一种数据记录技术，理论上能够将所有的信息都转化为区块链的通行语言——哈希

1. 习近平：《努力成为世界主要科学中心和创新高地》，载《习近平谈治国理政》（第三卷），外文出版社 2020 年版，第 245 页。

散列函数。一切数据及其记录者共同构成一个信息链条，以往被称为“中心”的中介不复存在。[1] 这不仅是一种算法的革新，还代表着观念的更新，对推进人类命运共同体和经济发展全球化具有重大意义。NFT 数字艺术品作为区块链技术在文化产业领域的应用和发展，有助于促进资本流通，保护知识产权，加快我国文化的传播。

因此，在推进人类命运共同体和经济、文化全球化的背景下，我国 NFT 数字艺术品交易市场必然也会进一步加强与国际市场的关联性。通过区块链技术的创新和发展，我国对区块链技术的运用场景将不断地拓宽，联盟链之间的联通和交互也会在多链兼容性和验证性问题等技术问题解决后，进一步加强。甚至目前，由微众银行区块链团队研发的区块链协作平台，运用了事务层、交互层、数据层的三层抽象体系结构，已经在一定程度上实现了数据在异构链上的流动、跨链交互等功能。[2] 由此可见，随着我国联盟链的影响范围逐渐扩大以及跨链技术的不断发展，NFT 数字艺术品平台将逐渐放开对二级市场的交易限制，并进一步推进国内范围 NFT 数字艺术品的跨链交易。

1. 韩晗：《论“后全球化”时代下区块链技术对未来文化产业的影响》，载《出版广角》2020 年第 6 期。
2. 孙浩等：《区块链跨链技术发展及应用》，载《计算机科学》2022 年第 5 期。

(2)交易货币虚拟化

虽然 2017 年 9 月中国人民银行等八部门联合发布《关于防范代币发行融资风险的公告》，宣告我国进入全面禁止数字加密货币交易的阶段，但数字加密货币作为区块链技术、物联网、智能合约等前沿技术的应用，拥有巨大的经济社会价值。[1]并且随着数字经济的不断发展，国际货币体系的弊端也在逐渐显现，缺乏高效率国际结算系统已经成为阻碍经济发展的重要因素。[2]根据《全球比特币发展研究报告(2014—2016)》，中国比特币的交易量占全球交易量的 80%，在“挖矿”方面具有较强的全球竞争优势。

在 NFT 数字艺术品交易市场全球化的背景下，为了提高我国 NFT 数字艺术品交易市场的竞争力，就必然要简化支付方式和资金流通成本。在虚拟货币作为交易支付的主要方式具有较大的经济利益情况下，若我国继续禁止数字加密货币交易，势必会影响整条 NFT 数字艺术品产业链的健康发展。因此，随着 NFT 交易市场的不断扩大，我国可能会渐渐放宽数字加密货币的监管政策，转向加强其规范发展。

(3)交易类型复杂化

在区块链技术运用的场景下，NFT 数字艺术品的唯一性和稀缺性主要来源于其元数据的上传，即其底层数字资产，

1. 胡耘通、齐淑芳:《数字加密货币征税探究》，载《财会通讯》2021 年第 10 期。
2. 张瑞龙、刘晓光:《央行数字货币发展和展望》，载《中国发展》2022 年第 3 期。

NFT 数字艺术品的价值在本质上也取决于底层数字藏品自身的价值。但 NFT 数字艺术品作为一种权利凭证，其可以被赋予不同的权利类型，如知识产权、债权、抵押权、物权等。目前 NFT 数字艺术品能够赋能多种行业，打造品牌价值，如在互联网行业，哔哩哔哩数字藏品在国内哔哩哔哩（Bilibili）App 推出系列数字藏品头像“干杯 2022”，发行在国内联盟链“高能链”上，用户可以根据自己的兴趣个性化选择对应主题的头像藏品，可作为头像使用。[1]NFT 数字艺术品权利类型的多样化发展，必然会使得 NFT 数字艺术品交易类型复杂化。

此外，目前 NFT 数字艺术品交易市场中传统的价值较高的 NFT 数字艺术品流通性较弱、流转费用较高，在一定程度上阻碍了 NFT 数字艺术品在市场上的广泛流通。为了解决上述问题，国外有些 NFT 数字艺术品交易平台通过将单个 NFT 数字艺术品拆分成权利相同的若干更小单元进行售卖，即碎片化 NFT 数字艺术品，又称 F-NFT。例如，现有的 CryptoPunks 系列 NFT 只有 10000 个，并且由于价格昂贵，它们的销售量相对较少。2021 年 4 月，50 个 CryptoPunks 组成的集合被拆分为了 2.5 亿个代币，每个代币代表该集合的一部分。碎片化 NFT 数字艺术品的出现，使得 NFT 数字艺术品的交易类型更加复杂。

1. 郭全中、肖璇：《数字藏品（NFT）发展现状、新价值、风险与未来》，载《新闻爱好者》2022 年第 10 期。

2. NFT 数字艺术品监管的发展新趋势

（1）监管政策评析

NFT 数字艺术品的作用与属性决定了我国的政策导向是偏向鼓励发展还是抑制发展，作为新兴的风口，有关 NFT 数字艺术品的文献研究较为有限，但整体呈现出不断增加的趋势。对于 NFT 数字艺术品的发展，虽然在观点上有所分野，但总体上基本认为其具有价值与风险并存的两面性。秦蕊等学者提出，NFT 具有可追溯性，数字艺术品的流转记录难以篡改。此外，艺术品上链后所生成的与之对应的唯一所有权证书，将为版权保护提供有效的解决方案。但同时，NFT 在产权、价值、技术与监管方面仍然存在一定风险。[1] 对此，刘双舟与郭志伟也持有类似的观点，认为 NFT 数字艺术品的价值鉴定尚无标准，加之交易信息具有隐匿性，未来对于交易的监管将面临极大的挑战。[2] 陈吉栋则更加肯定 NFT 的积极作用，该学者指出，NFT 是连接元宇宙与现实世界的一座桥梁，作为流通工具，能够实现用户在虚拟与现实之间保持高度的

1. 秦蕊等：《NFT：基于区块链的非同质化通证及其应用》，载《智能科学与技术学报》2021 年第 2 期。
2. 刘双舟、郭志伟：《NFT 在数字艺术品市场中的应用风险与防范》，载《艺术管理（中英文）》2022 年第 1 期。

互通。[1]

夏萤等学者则聚焦于反洗钱视角，认为 NFT 数字艺术品交易发生在虚拟空间，交易平台对于交易方的识别存在一定盲区，容易成为非法的洗钱渠道。再加上 NFT 数字艺术品的稀缺性决定了其价格带有随意性与不稳定性，也极易沦为掩饰非法资金来源的工具。[2] 魏丽婷等学者认为 NFT 的特性实现了数字艺术品所有权变更的实时追踪与价值维护，为艺术品市场的发展带来全新的技术逻辑与运营路径。然而，在国内对此未形成统一法律与行业规则的情况下，NFT 数字艺术品的发展依然存在市场泡沫与金融犯罪的可能。[3] 同样，邓建鹏、张祎宁也提出 NFT 解决了数字资产易受篡改与所有权归属不明等困境，并且进一步指出 NFT 未来将为数字资产流通甚至在融资方面提供重要的技术支撑。[4] 相比于利弊共存的说法，陶乾则更加肯定 NFT 为"数字化"革命所注入的强大动能。该学者认为 NFT 的应用场景赋予数字艺术品作为商品流通的条件，也赋予其区别于其他艺术品独一无二的"身份标识"，改变了

1. 陈吉栋：《超越元宇宙的法律想象：数字身份、NFT 与多元规制》，载《法治研究》2022 年第 3 期。
2. 夏萤等：《反洗钱视角下 NFT 的洗钱风险探究及建议》，载《时代金融》2022 年第 5 期。
3. 魏丽婷等：《非同质化代币（NFT）：逻辑、应用与趋势展望》，载《经济研究参考》2022 年第 4 期。
4. 邓建鹏、张祎宁：《非同质化通证的法律问题与应对思考》，载《民主与科学》2022 年第 2 期。

数字艺术品载体的非唯一性。[1] 此外，陈伟钢提出区块链的跨链协作与互通是未来必然的发展趋势，监管难度增加的同时也为政府监管方式的改变带来了机遇。[2]

同理论界不谋而合，实践中，国家层面也强调应把区块链作为核心技术自主创新的突破口，加快推动相关产业创新发展。并且特别指出，应加强对区块链技术的引导和规范，逐步探索并建立起适应该技术发展的安全保障体系，从而引导区块链技术开发者与平台运营者加强行业自律。[3]2021 年 10 月，监管部门约谈部分互联网企业，要求将“NFT”改为“数字藏品”。透过这一行为，表明国内 NFT 发展走向应为去币化，重点发展 NFT 数字产权证明功能在版权保护和资产确权领域的应用，从而进一步建立数字藏品在发行、销售、流通等方面的执行规定。

此外，2022 年 10 月 16 日，习近平总书记在党的二十大会议上所作的报告中也提及了要加快建设网络强国与数字中国，同时强调发展经济的着力点在于实体经济。[4] 这充分说明了，在工业时代向信息时代的转型过程中，引导和支持 NFT

---

1. 陶乾：《论数字作品非同质代币化交易的法律意涵》，载《东方法学》2022 年第 2 期。
2. 陈伟钢：《跨链技术是区块链实现价值互联网的关键》，载微信公众号“互联网金融工作委员会 CIF”，2020 年 8 月 18 日。
3. 参见中共中央政治局关于区块链技术发展现状和趋势的第十八次集体学习，2019 年 10 月 24 日。
4. 参见《高举中国特色社会主义伟大旗帜　为全面建设社会主义现代化国家而团结奋斗——在中国共产党第二十次全国代表大会上的报告》，2022 年 10 月发布。

数字艺术品产业健康有序发展实质上是防范其金融风险的最终目的。再者，NFT 具有产业化的潜质，有助于推动传统产业转型升级，将成为我国经济新的重要增长点。

基于前述学者的研究与我国监管实践，可以看到，虽然 NFT 数字艺术品可能在多方面引发相应的风险，但该新生事物的确有助于在社会经济领域发挥正向作用，推动我国以主动的姿态迎接全球范围内数字经济所带来的巨大挑战。总体上，我国对于防范虚拟货币交易风险已经推出了大量政策，但是针对 NFT 数字艺术品的法律性质、交易方式、监督主体与方式等尚未有明确的法律出台。这导致 NFT 数字艺术品仍然存在炒作等金融风险，更重要的是，一定程度上也限制了 NFT 数字艺术品向二级市场的拓展。因此，关键在于充分结合我国国情与政策导向，在合法合规的框架下尽可能探索 NFT 数字艺术品相关产业的发展空间，同时谨慎对待其中的各类风险，确保该产业的发展始终不偏离法治的轨道。有鉴于此，下文将在此基础上，进一步展望未来我国政府对于 NFT 数字艺术品的政策导向，并提出相应的监管建议。

（2）监管政策前瞻

迄今为止，国内还没有针对 NFT 数字艺术品制定专门性的规范政策，不仅没有对 NFT 数字艺术品的法律性质进行明确，也没有对交易平台进行具体的规制与监管。整体上，当前在法律法规层面仍处于空白阶段，涉及 NFT 数字艺术品的官方性文件仅有倡议、风险提示、自律公约等内容。技术创新与监管创新往往相伴而生，同时技术创新对于监管创新具有一定推动作用。NFT 数字艺术品在我国的蓬勃发展之所以带来了新挑战，是因为现实世界的法律体系不足以完全应对 NFT 这一新生事物可能引发的全部问题，而 NFT 数字艺术品的健康长远发展又亟须法律与监管的进一步规范。

结合当下的监管现状，未来制定监管政策可以从风险防范与行业发展这两个角度为切入点。前者针对的是 NFT 数字艺术品所带的金融属性，后者针对的则是 NFT 数字艺术品所具有的文化价值与经济功能，二者应当有所分离，不能一概而论。毕竟，与传统金融领域相比，NFT 数字艺术品交易具有技术化与信息化的显著特征，监管方式也应当有所区分。本质上，现行法律框架与有关虚拟货币的监管已经搭建起整体性的合法边界，可以直接适用于 NFT 数字艺术品产业的监管过程。同时，对于其技术上的特性还应当制定专门性的政策。换言之，只有做到监管方式与监管程度的区分，才符合 NFT 数字艺术品产业发展规律，也才能对症下药，真正防范其社会经济风险。

一方面，对于 NFT 数字艺术品的相关金融风险应当继续加大监管力度，不得松懈。具体建议如下：首先，继续沿用对元宇宙以及虚拟货币交易严监管的总体思路。例如，可以参照虚拟货币的相关监管法律体系，对 NFT 数字艺术品违法风险进行规范和处置。其次，基于 NFT 数字艺术品本身具有的独特性与发展趋势，对现有监管规则进行部分修正。我国法律绝对禁止NFT以虚拟货币作为交易币种，因此纯粹规制虚拟货币的监管规则无法直接涵盖NFT数字艺术品交易，只有将监管对象聚焦于NFT数字艺术品电子商务平台，才能形成适配性更强的监管机制。例如，有关部门应当出台专门的平台准入制度，提高行政审批门槛，强化对交易数据的监督管理，加大对非法投机行为的打击力度。

另一方面，立足于发掘文化价值、促进文化产业发展的目的，应当加强对国内NFT交易平台的保护与扶持。实际上，目前基于防范目的而制定发布的监管政策所指的“NFT”并不直接等同于NFT数字艺术品，其界定范围远远大于数字艺术品。在制定具体的监管政策时，应当采取弹性推进实施的方式，充分体现我国政策的灵活性与包容性，不得一刀切地限制所有NFT的发展，避免错失数字经济的新机遇。NFT的价值依赖于其金融属性，而数字艺术品则更多体现为收藏属性或者艺术属性。当购买者是以投资升值的心态交易时，数字艺术品在流通中所反映的价值则与金融属性发生重合。值得注意的是，收藏属性背后也可能隐藏一定的炒作风险。当然，交易预期具有主观性，无论设计多么精细的立法与监管势必都无法对其进行准确判断。但是，交易价格是客观中立的，通过价格可以明显反映出市场是否出现了泡沫。因此，随着该产业布局与技术水平的成熟，国家可以适时建立统一的行业标准与定价规范。只有价格能够有所参照与规制，才能在一定程度上降低炒作或者洗钱等风险。

并且，当下我国政府扶持政策的导向也较为模糊，通常表述为“数字文化产业”或者“文化数字化战略”。毋庸置疑，这与我国采取保守、谨慎的监管态度密切相关。事实上，规范发展与促进发展之间并不矛盾。政府必须有意识地引导 NFT 数字艺术品交易平台发挥自身文化资源的优势，服务于传统产业创新发展和品牌建设。在中国的监管环境下，NFT 数字艺术品发展路径必然不得一味遵循海外市场的发展模式。反之，我国应当从版权保护和资产确权为切入点，探索 NFT 数字艺术品无币化的发展道路，同时在发行、出售、流转等方面逐步建立起中国化的规则和标准。概言之，面向未来，政府应尽可能出台指向明确、清晰统一、松弛有度的高适配性扶持政策，为数字艺术品交易平台的经营者注入强心剂，为 NFT 数字艺术品在我国的发展提供有效指引。

与此同时，也应当看到，NFT 数字艺术品的发展不仅是对我国也对世界各国的监管政策提出了全新的挑战。在此背景之下，我国有必要积极参与数字经济治理的国际交流与合作，维护我国与 NFT 相关数字企业的经济发展利益。当前各国对 NFT 的监管态度莫衷一是，存在放任、控制与风险预告三种情况。[1] 实际上，监管各异也表明各国对于加密数字货币或资产的法律属性认定有所差别，从而导致了对其监管进路的选择

1. 陈姿含：《加密数字货币行政监管的制度逻辑》，载《北京理工大学学报（社会科学版）》2020 年第 5 期。

也不同。当然，差异化的背后仍有部分共同之处，如寻求政府主导权以及适时将 NFT 纳入法律框架中进行规制，我国政府也应当根据我国国情与政策导向，从中有所选择，有所借鉴。2021 年，我国分别申请加入了《全面与进步跨太平洋伙伴关系协定》(CPTPP）与《数字经济伙伴关系协定》(DEPA)，希望深度参与数字经济等国际合作，推动网络空间命运共同体的构建。基于此，我国完全有可能在与世界接轨的过程中，不断探寻更加契合国内 NFT 数字产业发展的监管方案。

(3) 监管路径设计

确定监管原则。相比于其性质难辨的特点，NFT 数字艺术品兼具利弊反而是一件确定的事情。作为一种新经济业态，国内各交易平台正处于发展的关键时期，因而并不适用完全严格的监管方式。但同时，如若监管过于宽松，其中的金融炒作劲头可能越发强盛。显然，我国政府对于 NFT 数字艺术品的监管需要采取一种较为折中的方式，即包容审慎原则。适用该原则并非空谈，在国务院办公厅发布的《关于促进平台经济规范健康发展的指导意见》中已经明确提出，将包容审慎原则作为适应新业态经济发展的监管原则。尽管当前国内 NFT 数字产业发展火热，但实际上各要素仍处于形成、发展与完善的过程。鉴于此，必须本着鼓励创新的目的，有针对性地制定相应的监管规则和标准，在严守经济安全底线的基础上为 NFT 数字产业的发展留足一定空间。一方面，对于触及虚拟货币的平台行为，应当依法予以取缔；另一方面，对于尚不明确的，可以设置一定期限的“观察期”逐步实施监管。总之，我国政府对 NFT 数字艺术品及其交易平台的监管应以包容审慎为基本原则，以分类推进为主要方式，为其制定适当可行的监管模式，寻求有效监管的突破路径。

明晰监管对象。根据 NFT 数字艺术品的生成与交易环节，其监管对象可以分为主体与内容两大类。按照参与主体划分，主要包括 NFT 数字艺术品创作者、NFT 数字艺术品发行者、NFT 数字艺术品交易平台与购买者。NFT 数字艺术品的创作者作为源头，理应成为重要的监管对象，有助于保障 NFT 所映射的数字艺术品的内容合规合法。而 NFT 交易平台、NFT 数字艺术品发行者、出卖者与购买者即平台用户，作为主要交易主体，各类风险主要从中产生，对其监管实际上也是对市场交易秩序的一种维护。若依据 NFT 数字艺术品的核心要素，监管内容包括但不限于底层协议标准、所使用的区块链平台等。底层协议标准，如 ERC-721、ERC-1155 等，作为铸造 NFT 数字艺术品的基础技术，须保证其符合法律规定，不得损害用户权益。

完善监管方式。NFT 数字艺术品的法律属性尚未明朗，因此给政府的监管带来了极大的考验与挑战。当前就 NFT 数字艺术品在我国的发展现状而言，仅仅依靠政府一方的监管是远远不够的，需要交易平台甚至行业协会承担起共同监管的职责，即自律与他律两种方式相结合。首先，交易平台是 NFT 数字艺术品创作者或发行方与购买者之间的纽带，依托平台才能实现 NFT 数字艺术品的铸造以及出售。基于此，交易平台应当履行相应的监管义务。具体来说，交易平台需要在保证自身合规经营的前提下，遵守交易规范，维护各交易主体的合法权益。此外，交易平台对于发生在平台内部的侵权等违法行为，须及时作出反应，同时采取有效措施予以解决。在此问题上，尤其是大型交易平台更应肩负起行业自律的使命，积极参与并带领其他中小型平台支持行业自律。其次，政府作为权威性的监管主体，应当根据 NFT 数字艺术品发展进程的推进，尽快明确 NFT 数字艺术品交易参与主体的权利义务，并且逐步形成具体的监管制度。总之，交易平台的内部监管与政府的外部监管需共同形成合力，不得彼此割裂而应有所融合，通过多方力量的整合实现打击违法行为、规范行业发展的目标。

二、新发展趋势下 NFT 数字艺术品交易的合规建设

1. 新发展趋势下 NFT 数字艺术品交易的税务问题

我国 NFT 数字艺术品交易随着区块链技术和数字货币技术的创新和运用，将逐渐实现 NFT 数字艺术品国内和国外的跨链交易，但这也将会给我国的税收征管带来一定的问题和

挑战。

（1）税收管辖权的分配问题

为了维护本国的税收利益、避免税源的流失，我国采取了居民税收管辖权和来源地税收管辖权原则，并通过双边税收协定来避免重复课税。对于居民纳税人，对其来源于全球范围内的收入，我国都享有税收管辖权，而对于非居民纳税人，我国仅对其来源于我国的收入进行课税。目前，我国自然人居民和非居民的区分通常根据住所标准和居所标准，并将无住所但在一个纳税年度内居住满 183 天的个人认定为居民个人。法人居民和非居民的区分则主要根据注册成立地、总机构所在地、控制中心地等。[1] 对非居民企业和非居民个人的税收管辖权，以产生所得的经营活动或财产是否来源于我国来确定，但不同的所得类型的来源地确定标准也有所不同。例如，营业所得主要以常设机构所在地为来源地，劳务所得则通常采取固定场所和“183 天原则”来确定来源地。

但是，在 NFT 数字艺术品实现跨链交易的情况下，传统的居民税收管辖原则和来源税收地管辖原则都会受到一定的冲击和挑战。首先，在居民税收管辖权方面，在 NFT 数字艺术品实现公有链交易的情况下，平台外国居民用户可以直接通过网络进行 NFT 的铸造和发行，外国企业也可以利用网络进行

1. 李慧敏：《元宇宙经济对国际税收管辖权的挑战及应对》，载《税收经济研究》2022 年第 3 期。

全球化的 NFT 数字艺术品经营管理，物理空间和实体存在不再是经营和管理的必要条件，居民和非居民的居住地和机构所在地并不必然反映其经济活动与所在地之间的联系。[1] 其次，在来源地税收管辖原则方面，NFT 数字艺术品的交易不需要依靠传统的工厂、商店等实体性常设机构，NFT 数字艺术品交易直接通过服务器进行数据和服务的输出，并且在数字艺术品平台个人用户通过匿名铸造发行的情况下，税务机关也很难追踪到纳税人的具体涉税信息，也就无法通过平台用户判断交易的实际发生地，也就使得传统以常设机构、固定场所等来判断来源地的标准难以适用。[2]

（2）虚拟货币的税收征管问题

虚拟货币是典型的加密资产，已经被国外公开市场接受并用作交易的支付工具。但虚拟货币交易衍生的跨境逃税问题逐渐显现并愈加严重，开始引起国际社会的警觉和重视。虚拟货币引起税收挑战的主要原因是虚拟货币交易难以估值和税基难以确定。由于虚拟货币交易的极不稳定性，极短时间内的巨大波动使得交易无法保持必要的精度，并且交易平台对同一种虚拟货币可能有不同的交易价格，从而大大增加了交易估值的技

1. Luc Hinnekens, The Challenges of Applying VAT and Income TAX Territoriality Concepts and Rules to International Electronic Commerce, Intertax, 1998.
2. 彭敏娇等:《数字经济下跨境税收征管问题及路径选择》，载《国际税收》2021 年第 6 期。

术难度，使得虚拟货币资产及其收益计算的难度增加，导致所得税、增值税和财产税税基确认的难度加大。纳税人比较容易利用虚拟货币的匿名性和难以估值等特征进行严重的跨境逃税犯罪。[1]

虽然我国从法律政策上对虚拟货币予以禁止，不承认其合法性，但是并未在交易实践中完全禁止虚拟货币的使用。在国内购买 NFT 数字艺术品虽然主要通过支付宝、微信、银行卡或非银行第三方支付机构进行，但是在区块链技术和 NFT 数字艺术品交易平台进一步发展的趋势下，我国 NFT 数字艺术品交易平台为了提高自身的竞争力，可能会接受虚拟货币的支付形式。但在不承认虚拟货币作为一种货币的情况下，如何对其进行税法规制、建立有效监管政策的问题的重要性将日益凸显。

（3）交易客体的税法定性问题

NFT 数字艺术品交易市场的不断发展和创新，使得 NFT 数字艺术品的交易类型将更加多样化、复杂化。NFT 数字艺术品所附有的权利类型也将会更加多样化，其法律属性的界定和交易行为的税法评价问题也将面临新的挑战。首先，对于 NFT 数字艺术品本身是否应当界定为物权、债权、知识产权等，学界并没有达成统一共识。在交易类型更加复杂化的情况

1. 励贺林等：《跨境逃税问题的国际应对及启示》，载《财务与会计》2021 年第 18 期。

下，NFT 数字艺术品所附有的权利类型也会更加复杂化，如同一个 NFT 数字艺术品可能会被赋予多种权利类型，其交易的法律性质应当如何界定。此时，以单一的权利为类型划分 NFT 数字艺术品在税法评价方面将不具有实践性。

其次，碎片化 NFT 数字艺术品的出现使得 NFT 数字艺术品交易客体更加复杂化，与不可分割的 NFT 数字艺术品不同，F-NFT 数字艺术品不仅仅作为虚拟财产进行交易，还有可能具有金融产品的属性（用于募集资金等）。基于 NFT 数字艺术品而产生的 F-NFT 数字艺术品的法律属性是否等同于 NFT 数字艺术品本身，其交易行为又当如何进行税法评价，也将成为税务机关面临的新的挑战。

2. 新发展趋势下 NFT 数字艺术品交易的税务合规路径

（1）税收管辖权的确定

首先，调整居民身份的认定标准。由于 NFT 数字艺术品交易的数字化，居住地和 NFT 数字艺术品交易的发生并不存在必然的联系，纳税人也可以通过调节户籍和居住时间来规避国家税收管辖权。[1] 因此，为了避免我国税源的流失，需要适

1. 张青政、杜学文：《中国个人所得税收居民确定问题研究——以 CRS 的执行为观察重点》，载《技术经济与管理研究》2022 年第 8 期。

当调整我国居民纳税人的认定标准。可以考虑通过增加日常经济活动量的平均值判定标准，即以实时的营业存在（On-site Business Presence）达到 183 天的经济活动量的平均值为门槛，来认定居民纳税人。[1]

其次，扩大来源地的认定标准。外国企业也可以利用网络进行全球化的 NFT 数字艺术品经营管理，物理空间和实体存在不再是经营和管理的必要条件，现行的常设机构和固定场所的来源地物理性认定标准，为数字服务企业的双重避税创造了条件。为了加强对 NFT 数字艺术品交易的税收管辖，有必要扩大来源地的认定标准，可以考虑增加虚拟常设机构和物理接口硬件所在地为来源地的判定标准。即对于企业纳税人，可以考虑将 NFT 数字艺术品企业利用一国网络空间场所开展远程销售业务的网络空间判定为虚拟常设机构；[2] 对于个人纳税人，纳税人进行 NFT 数字艺术品交易需要通过客户端接入设备以接入区块链，可以考虑以接入设备的物理硬件所在地为来源地的判断标准。

最后，加强第三方协同治税。NFT 数字艺术品交易主要依靠 NFT 数字艺术品交易平台展开，平台掌握了大量的 NFT 数字艺术品交易的一手数据，税务机关可以通过加强与 NFT 数字艺术品交易平台的合作，通过 NFT 数字艺术品交易平台

---

1. 李慧敏：《元宇宙经济对国际税收管辖权的挑战及应对》，载《税收经济研究》2022 年第 3 期。
2. 任超、闫晨：《数字化产品的税收挑战与应对》，载《财会月刊》2021 年第 23 期。

进行涉税信息报送，来获取 NFT 数字艺术品的交易信息。加快征管技术手段革新。随着大数据、人工智能、区块链技术的发展，税务部门征管手段也需要与数字技术相结合，提高对 NFT 数字艺术品交易的征管效率。税务部门可以尝试探索多样化数字征管系统，也可以在 NFT 数字艺术品交易网络中设置探针节点，通过探针节点接收数字货币交易中各节点的所有交易信息，确定每笔交易对应的唯一的交易哈希值，并根据交易哈希值来溯源经济交易活动发生地。[1]

（2）健全虚拟货币的税收监管

首先，将虚拟货币纳入征税范围。美国国税局对于虚拟货币税收问题的经验值得借鉴。美国将虚拟货币纳入税收征管范围。就美国而言，虚拟货币被视为财产而不是货币，适用美国《国内收入法典》有关财产交易的规则；虚拟货币交易被确认为资本利得，如出现损失则须接受相应的损失扣除限制，无论是资本利得还是损失都以美元计价。在征管层面，美国加大工作力度，要求虚拟货币交易平台报告全部交易记录，并督促纳税人必须将虚拟货币交易体现在相应的申报表内，包括“资本资产销售和其他处置报表”“个人所得税报表”，以及用于披露海外金融资产的报表。纳税人必须如实申报虚拟货币交易，

1. 李慧敏：《元宇宙经济对国际税收管辖权的挑战及应对》，载《税收经济研究》2022 年第 3 期。

否则将被视为偷税或逃税行为。[1] 建议我国可以将虚拟货币定性为财产，纳入税收监管体系，通过税收手段加强对虚拟货币的监管。这不但有利于促进税收横向公平和纵向公平，也有助于完善跨部门综合金融监管体系，防范治理洗钱等非法金融交易，进一步规范财富积累机制。[2]

其次，加强国际合作，及时、准确、完整地获得 NFT 数字艺术品的虚拟货币交易信息。虚拟货币监管难题在于如何解决因虚拟货币的高保密性、匿名性等特征而无法对其交易信息进行有效追踪与获取问题。对于此类问题，可借鉴国际经验，在合适的时机规定交易平台以及各交易主体履行强制上报义务，要求虚拟货币所有人或使用人在纳税申报或汇算清缴中主动申报虚拟货币的相关交易。通过对交易双方上报信息的交叉稽核，从源头上对虚拟货币的交易信息进行追踪，防范错报、少报、漏报和偷逃税等问题的发生。

（3）明确交易客体的法律属性

明确交易客体的法律属性是进行有效税收征管的前提和基础。不论是不可分割的 NFT 数字艺术品，还是碎片化 NFT 数字艺术品，其本质上都是一种虚拟财产，是实物世界的权利映射。NFT 数字艺术品交易类型的多样化，本质上是现实世界消

1. 励贺林等：《跨境逃税问题的国际应对及启示》，载《财务与会计》2021 年第 18 期。
2. 陈宇、牛恺玥：《加密资产税收政策的国际经验及对我国的启示》，载《税务研究》2022 年第 12 期。

费者不同权利类型的具体化。分析界定 NFT 数字艺术品的法律性质以及碎片化 NFT 数字艺术品的法律性质，究其根本是如何界定交易的经济实质的问题，应当以现实交易市场中的交易实践为基础，具体分析不同类型的 NFT 数字艺术品交易的法律属性，以及其应当承担的税法效果。

三、新发展趋势下 NFT 数字艺术品交易平台的合规建设

1. NFT 数字艺术品交易平台的性质变化

（1）非一般性电商平台

相比于数字艺术品交易平台，我国电子商务平台的发展随着《电子商务法》的实施已经走向了更加规范的轨道。电子商务交易本质上只是改变了交易形式，至于其他方面与传统商业活动并无显著差异。同时，物流应当是电商交易发展过程中的核心要素，而对于 NFT 数字艺术品交易而言，其核心则是区块链与智能合约技术。对于一般的电商平台与数字艺术品平台，互联网技术的介入改变了前者的交易空间，但同时改变了后者交易对象的形态。以“淘宝网”为例，此平台在交易无异常的情况下仅作为纯中介平台，为买卖双方在

虚拟空间提供交易场所。数字艺术品交易平台则不同，不仅需要提供交易场所，还应承担将数字艺术品上链铸造与其他技术支持的功能。

具体而言，对于用户，平台需提供交易所涉及的区块链信息服务。而面向创作者，平台提供了铸造和发行交易的场所。并且，交易平台在取得创作者授权的情况下，也可以作为交易一方直接参与 NFT 数字艺术品的交易过程。此外，电商平台上出售的商品，其法律性质较为单一,一般为实物或者某种服务。NFT 数字艺术品交易平台则不然，其交易对象的权属及性质较为复杂，并且在不同的交易平台上可能还存在一定的区别。再者，从平台的经营形式看，NFT 交易平台是直接采取佣金等方式从数字艺术品交易中获得经济利益。结合交易流程，一般是在铸造及每次交易成功后按照一定比例收取佣金或者手续费，与电子商务平台以免费或会员费等方式获益有所不同。[1]

由此观之，数字艺术品交易平台在此过程中的交易参与程度比一般电商平台更加深入。因此，如果未来法律对该类交易平台进行统一的规范，其承担的平台责任可能也将重于一般的电商平台。二者之间作为一般与特殊的关系，我国现行《电子商务法》基本能够对数字艺术品交易平台起到一定规制作用，但仍无法对其直接、完全地适用。

1. 王江桥：《NFT 交易模式下的著作权保护及平台责任》，载《财经法学》2022 年第 5 期。

（2）纳入平台经济范畴

如前所述，区块链技术的引入带来了法律适用的不适应性。《电子商务法》的规制范围较数字艺术品交易平台存在局限性，未来可以考虑将其纳入平台经济的法律规制体系下。当前，平台经济已经成为我国数字经济发展主要力量，进一步拓展平台经济融合传统产业的广度和深度，能够提高全社会资源配置效率，推动技术和产业变革。因此，将 NFT 数字艺术品产业一同纳入其中，有助于提升交易平台的效益与价值。

理论上，平台经济是以平台作为载体，通过数字化技术等方式实现双边或多边主体供求匹配的资源配置模式。其中，平台以互联网等数字化技术为基础，同时依靠技术支撑提供综合性的服务，从而促成供需之间的互联互通，在各类资源调配中发挥着举足轻重的作用。具体来说，平台的一边是由消费者组成的需求端，另一边则是为其提供商品或服务的供给端，而平台基于信息或基础设施有效匹配双方供求关系，并通过收取服务费用获得收益。[1] 平台经济作为生产力新的组织方式，是一种基于互联网技术，由数据支持与平台支撑的经济新业态，不仅覆盖电子商务领域，而且已经向传统产业与新技术相结合的其他广阔领域延伸。[2] 平台在提供服务的基础上，汇聚了多元

1. 胡滨等：《大型互联网平台的特征与监管》，载《金融评论》2021 年第 3 期。
2. 参见 2019 年 7 月 17 日李克强主持召开国务院常务会议关于确定支持平台经济健康发展措施的有关内容。

化的主体与多样化的信息，作为虚拟空间的“第二社会”重塑商业模式，为传统产业赋能。

NFT数字艺术品交易平台以互联网平台作为载体，以数据为关键生产要素，并且以区块链技术与网络信息基础设施作为重要技术支撑，符合平台经济的发展形态。并且，NFT交易平台代表着一种多边配置资源的形式，平台上交易者众多，信息交换速度极快，交易平台对于资源的高效整合与控制最大程度地发挥了数据要素的效能。可以说，NFT数字艺术品相关产业的发展是平台经济中独具创新性的一部分。再者，当前平台经济所面临的相关问题与NFT数字产业存在共性。例如，在数字经济的浪潮之下，新技术的应用势必产生新的法律主体与客体，同时带来新旧法律交替变更等亟待解决的问题。[1] 据此，可将此种新经济业态一同纳入平台经济的发展规划当中，推动该领域核心技术革新与商业模式变革。

此外，近年来我国平台经济快速发展，且初具规模，在经济社会发展全局中的地位和作用日益凸显。国家为适应其发展规律，逐步出台了相应的政策予以支持（见表18），对NFT数字艺术品交易平台未来的发展定位与方向可作一定参考。总体而言，这些文件基本构建了我国平台经济监管的政策体系，确立了平台经济发展与规范并重的政策导向，即坚持“在发展

1. 杨东、徐信予:《数字经济理论与治理》，中国社会科学出版社2021年版，第19页。

中规范，在规范中发展”。

表 18　我国平台经济发展政策一览表

政策名称	发布部门	发布时间	主要内容
《关于促进平台经济规范健康发展的指导意见》	国务院办公厅	2019 年 8 月	创新监管理论方式，实行包容审慎监管。鼓励发展平台经济新业态，优化平台经济发展环境，强化平台经济发展法治保障。
《关于平台经济领域的反垄断指南》	国务院反垄断委员会	2021 年 2 月	通过明晰相关概念与明确基本原则，对相关市场界定、垄断协议、滥用市场支配地位等方面进行规制。
《关于推动平台经济规范健康持续发展的若干意见》	国家发展改革委等九部门	2021 年 12 月	降低平台经济参与者经营成本，建立有序开放的平台生态。支持平台加强技术创新，鼓励开展模式创新，提升全球化发展水平。
《扎实稳住经济的一揽子政策措施》	国务院	2022 年 5 月	鼓励平台加快人工智能、云计算、区块链、操作系统、处理器等技术研发突破。

2. 公有链模式下的交易平台涉税问题

（1）交易币种的选择问题

国外的 NFT 数字艺术品交易平台大多以虚拟货币作为交易币种，也有部分平台考虑到购买者不持有加密货币的情况，也支持使用信用卡进行购买，这与国内交易平台的做法大相径庭。当前我国的数字艺术品交易平台仅支持使用人民币作为交易币种，一般是由购买方注册相应的数字钱包进行充值支付，或者是直接借助于支付宝与微信支付平台，由购买方自行选择支付方式。但如果今后处于开放公有链或者公私链交融的情形下，交易币种的选择与协调又将存在一定问题。

为满足数字经济背景下公众的现金需求，2019 年底我国在部分地区开始对数字人民币进行试点测试，这是由我国央行发行的数字形式的法定货币。其运行模式采取双层运营体系，先由央行生成数字人民币，将其兑换给商业银行，再由商业银行根据市场流通需要兑换到公众的数字钱包中。值得注意的是，数字人民币目前的定位仍然属于流通中的现钞与硬币，即与法定货币等值，区别于比特币等不具有主权信用担保的加密货币。换言之，数字人民币就是数字化的现金，二者除存在形态具有差异之外，其他各项性质均与现行流通的法定货币毫无二致。

事实上，仅从概念本身归类的话，包括加密货币在内的虚拟货币以及法定数字货币均属于广义上的数字货币。但是，二者之间却存在着根本性的区别。加密货币是由非金融机构根据算法而产生的，其发行并无交易基础；而法定数字货币本质上就是中央银行基础货币的数字化，具有主权货币与数字化货币的双重属性。[1] 基于此，法定数字货币不同于虚拟货币，是颠

1. 杜金富、张初晴：《数字货币的理论分析》，载《金融发展研究》2023 年第 1 期。

覆了货币本身而产生的一种“新货币”。相反地，法定数字货币是一种可以记录数据的电子支付结算方式。若以性质观之，加密货币等虚拟货币由私人机构本身发行或者通过挖掘算法铸造而成，且该发行机构对货币并无清偿义务，因此其本质更加倾向于商品属性。法定数字货币则不同，其发行机构与地位法定，具有国家主权信用，其本质与现金货币应属一致。[1]

并且，我国发行的数字人民币主要着眼于国内零售支付的需求，以支撑我国数字经济发展、提升普惠金融水平为目标，对于其跨境转移与支付的问题尚且处于探索阶段。[2] 换言之，当前在试点地区流通与使用的数字人民币与国际数字货币还存在一定差距。我国法律禁止境内法定货币与加密数字货币之间的兑换与交易，且将加密货币相关的业务作为非法金融活动进行规制。基于此，央行发行数字人民币的举措在当下并不等同于数字货币的合法性。数字人民币的目的在于“加强监管”，而数字货币则基于“去中心化”的特征实现“去监管”，二者完全是截然不同的概念。[3]

因此，在未来一段时间内使用数字人民币作为交易币种仍然存在监管与技术上的阻碍。尤其是 NFT 数字艺术品行业的

1. 陈汉：《我国央行数字货币发行的法律问题分析》，载《河北企业》2022 年第 12 期。
2. 李超民：《全球数字货币体系主导权视野下的数字人民币跨境转移与支付能力》，载《当代中国与世界》2022 年第 3 期。
3. 吕睿智：《数字货币的交易功能及法律属性》，载《法律科学（西北政法大学学报）》2022 年第 5 期。

监管体系尚未完成整体性构建之时，交易币种的国际化之路依旧道阻且长。

（2）数字税的开设问题

数字税亦可称为数字服务税，狭义上，是指一国为填补新经济模式下的税法空白而新开征的税种；广义上，则是指与数字经济相关的所有税种的合集，覆盖范围更加广泛。实践中，部分国家选择开征数字税作为解决数字经济冲击税收规则的临时性方案。

我国学者对此税种的态度较为中立，并且主要是以税法原理与税收正当性作为论证的起点，进而分析我国可能的应对路径及方案选择。齐萌、刘博认为开征数字服务税有助于缓解传统实体企业与数字服务企业之间税负不公平的冲突，防范数字行业泡沫风险的增加。但同时，该税种的征收在一定程度上势必会导致数字服务企业利润减少、成本增加，最终的效果与初衷可能相违背。[1]全球范围内的跨境数字服务尚未形成统一的国际税收规则，但已有部分国家开征了数字服务税。基于此，冯俏彬、李承健认为，国际数字税收改革对于我国整体税制并无主要直接影响，但是其间接影响却较为深远。据此，该学者强调我国目前无需急于开征数字税，反倒应该通过健全现有的税制体系，将此前未覆盖的数字产品与服务纳入课税范围

1. 齐萌、刘博：《数字服务税：理论阐释、国际实践与中国进路》，载《上海财经大学学报》2022 年第 3 期。

内。[1] 张牧君通过阐明数字税征税对象的“用户价值”及其立法逻辑，试图在结合我国数字商业模式发展特征的基础上，为构建科学可行的数字税法律体系提供建议。该学者认为，虽然开征数字税对于传统所得税体系产生了冲击，但基于全球数字化水平高低不同与国际税收规则的不断变化，我国作为数字经济发展大国也应有所准备，维护本国税收管辖权。[2] 此外，余振、沈一然分析了数字税立法实践所引发的国际税收争议，而这些新的税收问题致使全球经济的治理与合作机制面临着巨大挑战。该学者认为当前我国尚不具备开征数字税的条件，仅处于理论探索阶段。但与此同时，我国仍应加强数字税相关问题的交流，积极参与国际数字税收规则的谈判。[3]

结合我国税制改革进程并在权衡利弊的基础上，开设新税种并非当前我国应对数字经济背景下税收风险的最优选择。综合各方面因素，原因如下：第一，我国正处于减税降费的宏观政策背景之下，[4] 数字经济的高质量发展与相关数字产业的长足发展需要税收激励而非政策限制。第二，数字经济产业的本质与传统实体经济仍然是一致的，即税收构成要素并未因技术介

1. 冯俏彬、李承健：《数字税的国际实践及其对我国的影响》，载《行政管理改革》2022 年第 3 期。
2. 张牧君：《用户价值与数字税立法的逻辑》，载《法学研究》2022 年第 4 期。
3. 余振、沈一然：《数字税国际争议对全球经济治理的影响及中国对策》，载《天津社会科学》2022 年第 3 期。
4. 参见《关于进一步落实好简政减税降负措施更好服务经济社会发展有关工作的通知》，税总发〔2018〕150 号，2018 年 9 月发布。

入而发生改变，需要为此作出相应调整的是税收征管规则。换言之，区块链技术在 NFT 数字艺术品上的运用所带来的征管模式的不适应性并非颠覆性的。在未来 NFT 数字艺术品法律性质明朗的情况下，传统税制仍然可以有选择性地适用于数字艺术品交易的征管，因此现阶段并不具备开设数字税的时机与条件，盲目开征可能导致我国 NFT 数字产业丧失发展优势。第三，结合我国本土实际与税收法治化进程，通过完善增值税税制与适当扩大个人所得税综合所得范围，实际可以起到替代开征数字税的效果，并且更加符合我国税收体制改革的现实需要。

（3）国际双重征税问题

前述所称数字税，表面上虽然属于一国国内的税收立法问题，但实则事关国际税收问题。因为依据各国现有的数字税立法模式来看，非居民企业也包含在纳税人范围内，已经不受传统税法体系中居民身份与常设机构的限制。[1] 也就是说，征税国对于本国内无常设机构的非居民企业的数字服务收入享有管辖权。理论上，此种做法似乎有悖于传统上的国际税收规则，而实际上造成这种变化最大的原因应为信息技术的高速发展。在数字经济背景下，经济活动可以脱离领土这一物理空间，发生于无国界的虚拟世界中。借助互联网技术，国与国之间已经不再需要通过设立固定经营场所建立经济联系。征税国认为数

1. 张牧君：《数字服务税的争议与法理辩释》，载《法律科学（西北政法大学学报）》2022 年第 4 期。

字服务提供者的销售收入与该国国民的交易活动直接相关联，因此二者之间存在经济联系，正基于此，征税国对于非居民企业的课税行为才具备正当性。

依此思路，我国 NFT 数字艺术品交易平台未来一旦涉及跨境交易，需要特别注意已经开征数字服务税的国家或者地区，事先了解这些国家或者地区的立法实践，避免承担过重的数字服务税负。例如，欧盟委员会目前所确定的应税服务包括三种形式：一是针对平台用户投放在线广告；二是提供数字接口；三是传输通过数字接口生成的用户数据。[1] 而英国政府确定的纳税客体，其中包含向本国用户提供在线服务所获取的佣金、服务费等收入。[2] 据此，NFT 交易平台为艺术品创作者提供铸造服务收取的服务费以及作为提供特定交易的专业性服务平台所得的收入，均可能囊括在数字税的征税范围之内。

3. 数字化税收征管的新探索

（1）健全纳税人涉税信息保护法律体系

在回应信息不对称的现实问题上，我国税收立法将税务机

1. Wei C, The Superiority of the Digital Services Tax over Significant Digital Presence Proposals, National Tax Journal, 2019, 70, pp. 839—856.
2. 廖益新、宫廷：《英国数字服务税：规则分析与制度反思》，载《税务研究》2019 年第 5 期。

关获取涉税信息置于优先于纳税人信息保护的地位，这在很大程度上打开了纳税人信息安全保护的缺口，可能导致涉税信息利用与保护之间的失衡。因此，应当重塑《税收征收管理法》的涉税信息保护理念，进一步完善涉税信息的权利义务体系，从而实现涉税信息的利用与保护的双重圆满。

现行《税收征收管理法》只提及涉税信息提供义务，但对于涉税信息保护却没有设置专门的条款。当前，我国正处于修订和完善《税收征收管理法》的政策背景下，[1] 有必要顺势而为，设立专章明确界定纳税人提供涉税信息的范围与程度，同时增加涉税信息保护条款，在法律层面上全面、合理地规范涉税信息获取、使用与存储的各个环节。另外，在此章中，还应当设立侵犯信息行为的责任追究与救济机制，特别是对于纳税人涉税信息权利救济的适用条件与程序应作进一步细化与完善，增强适用标准的可行性。在涉税信息被不正当泄露或者滥用时，还应当确立对相关责任人的责任追究机制，[2] 真正践行有权必有责的执法理念。

此外，在适度范围内对义务的限制本质上也是对权利的保障。因此，税务机关明确且严格的界定 NFT 交易平台涉税信息的提供内容也是信息保护的一种迂回方式。考虑到《税收征

1. 2021 年 3 月，中共中央办公厅与国务院办公厅印发《关于进一步深化税收征管改革的意见》，其中指出健全税费法律法规制度，推动修订税收征收管理法。
2. 朱大旗、曹阳：《大数据背景下我国纳税人信息权与相关权利的冲突与协调》，载《学术研究》2021 年第 2 期。

收管理法》漫长的修订周期与巨大的工作量，国家税务总局可以适当参照美国当前对数字资产经纪人提交信息填报表的相关要求，结合我国 NFT 的本土发展，通过出台规范性文件的方式，采取列举的形式确定交易平台所应提供的交易明细情况。

总之，在数字经济时代，现阶段我国应当为涉税信息保护提供综合性的制度保障，同时借助引致条款等立法技术，实现涉税信息保护的体系化以及各法规下具体条款的互通互联。[1]随着我国法律体系的日益完善，应尽可能规范纳税人信息的内涵及其外延。[2]纳税人本身作为公民，与之有关的信息本身不完全具有税收概念上的意义，因此厘清纳税人信息的明确范围与延伸界限对于税收征管方式的合法化与合理化十分有必要。

（2）充实税收优惠政策

在健全与完善现有税制的基础上，也应注重对于中小型数字服务企业予以合理范围内的税收优惠，助力我国数字经济的全面高质量发展。现行《企业所得税法》中税收优惠的适用具有一般性，并且对于数字服务企业的涵盖性较弱。因此，在数字产业发展前期，有必要出台更多针对性的税收优惠政策，降低新兴企业发展转型期的税收负担，同时也有助于国家涵养税

---

1. 刘雪婷：《数字经济时代个人信息保护的法治规范及机制构建》，载《吉首大学学报（社会科学版）》2022 年第 4 期。
2. 李悦、陈秋竹：《“数据管税”背景下纳税人信息匿名化的法律标准探讨》，载《税务与经济》2020 年第 4 期。

源。一是应当加大对数字技术创新的扶持力度。通过选择合适的起征点或者某种条件下减免税的方式，发挥 NFT 数字艺术品产业在推动产业数字化以及数字产业化的正向作用。例如，对于数字企业提供技术开发或者技术咨询与服务的收入适当减免增值税的征收。二是有选择性地扩大地方税费减免政策的适用主体范围。通过辐射更多数字企业，培育我国数字经济企业梯队，以此带动相关产业的数字化转型与创新。三是支持数字企业跨境贸易。作为新的商业经济发展模式，对于“走出去”的企业其境外经营所得实行税收抵免优惠政策，鼓励国内企业加强国际交流与合作，逐步形成具有国际影响力与竞争力的大型企业。

（3）强化税收征管技术

依托金税工程和增值税发票管理系统，自 20 世纪 90 年代以来，我国税收征管逐渐向“以票管税”转变。从实施效果来看，“以票管税”适用于实体经济的发展模式，却并不一定完全适用于当下“数据管税”的数字经济发展趋势。因此，在这一新形势下，税务机关必须充分运用大数据、云计算、人工智能、移动互联网等现代信息技术，加快推进征管方式的转变。[1]

数字经济一方面带来了税收治理难题，但同时大数据与区块链等信息技术反过来又可以为税收现代化治理提供技术

1. 参见《关于进一步深化税收征管改革的意见》，税总发〔2021〕21 号，2021 年 3 月发布。

支撑，成为数字化背景下提升税收征管水平的新生力量。首先，税务机关应当加强同其他监管部门的沟通，提升各部门间的合作程度，解决数据孤岛的难题，尽快明确 NFT 数字艺术品适用的具体税目及税率。现行税法的征税范围虽然基本涵盖了 NFT 交易平台的相关收入，但是对于经由数字化而衍生的新型收入类型其规范性还是相对较弱，在具体的适用上极易导致理解上的歧义。其次，应充分利用信息技术引领征管体制的变革，建立与之相适应的征管理念与方式。[1] 面对数字服务企业繁重的业务量，税务机关应当加快推动税收征管系统的数字化建设，提高税收监管的智能化水平，尽可能多地利用大数据技术缓解人工操作效率较低的缺陷。特别是，税务机关面对区块链技术所致的征管困局时，完全可以引入区块链技术本身作为工具，提升监管能力和水平。最后，税务机关特别是征管部门也应该与时俱进，不断学习区块链技术，完善现代化监管机制，适时探索与数字服务企业数据共享的平台，建立起更具针对性的税收征管模式，形成综合性、全方位的税收监管格局。

（4）深化开展国际税收合作并推进相关立法

在我国现行有关国际税收征管协作存在立法空白的情况下，首先，应充分利用我国缔结的相关国际条约，如《多边税收征管互助公约》《实施税收协定相关措施以防止税基侵蚀和利

1. 王曙光等：《数字经济下“一带一路”税收征管质效初探》，载《国际税收》2022 年第 5 期。

润转移（BEPS）的多边公约》等条约，逐步搭建起国际税收征管协作的法律体系框架，为进一步构建我国涉外税收征管法律制度奠定坚实的基础。[1]

其次，我国应当不断寻求国际税收征管协作的新途径，充分利用统一的国际税收管理平台，提高中国在国际税收征管实践中的影响力和话语权。通过加强与世界各国的有效协商，遏制跨国企业利用国际税收征管漏洞逃避税收的企图。并且，在同世界各国的协商与互助过程中，依据国际税收相关规范不断完善、改进我国税收国内法，从而达到国内法与国际法的有机统一，有效规避税收征管制度的漏洞，减少税款的流失。

最后，为了顺应国际化的时代要求，我国还应当积极参与国际税收规则的重新塑造。[2]尤其是要利用好 G20 与经合组织等国际协作平台，针对有关国际税收征管协作指导方案发出中国声音、提出中国方案、提供中国思路。这将有助于我国居民国际税收争议的高效解决，通过深化国际税收合作，尽可能弥补我国因相关法律空白而造成的征管阻碍。

总之，全球范围内的数字经济活动对税收征管带来的挑战是各国亟待解决的难题，对此，我国须审时度势，密切关注与追踪各国数字经济税制的变化。数字经济已经成为各国战略博

1. 赵文通等：《BEPS 时代中国开展国际税收征管协作的障碍与应对策略》，载《经济研究参考》2018 年第 39 期。
2. 李娜：《发挥好中国在国际税收征管协作中的角色》，载《国际税收》2016 年第 10 期。

弈的新高地，我国也应当尽快地瞄准全球数字税收治理的发展方向，在这一领域当中提升国际话语权。[1] 在国际规则未达成一致之前，积极主动地参与税收规则制定与改革。此外，在现有国际税收协作机制的基础上，强化同我国存在税收协定的国家间的沟通与磋商，适时更新数字经济背景下的具体协定内容。唯有积极建立国际多边税收协定，才能有效防范多重征税的风险。

4. 新发展趋势下交易平台的合规路径选择

（1）主动适应新监管形势下的政策导向

中国语境下的 NFT 数字艺术品，无论是互联网企业入局，抑或传统文化艺术企业主动寻求突破，总的来说，都应当坚持合规化经营，避免“脱实向虚”，防范虚拟资产产生的金融风险，这才是 NFT 数字艺术品在我国稳健发展的长久之道。通过梳理与归纳当前我国 NFT 数字艺术品的发展模式，大致表现为物理世界向虚拟空间的映射，因此监管的实质即为穿透映射进而对线上交易作出与现实世界的统一认定。特别是，我国的 NFT 发展走的是一条独特的“去币化”与“去金融化”的道路，交易平台对于平台内出售的数字艺术品应当凸显其内容

1. 孙毅、贺子涵：《数字税 2.0：展望元宇宙驱动的税收变革》，载《税务研究》2023 年第 1 期。

价值，特别是实用价值。

首先，在交易价格方面，NFT 数字艺术品的定价应与艺术家名气以及作品背后的文化价值相挂钩。尤其是，平台不得完全基于发行数量的稀缺而决定数字艺术品的价格。在未来的税收征管实践中，交易价格作为计税依据之基础，应当成为估值的有效凭据，在价格明显偏低时，税务机关有权进行相应的调整。其次，在数字艺术品附属功能上，除了线上的欣赏权益，交易平台可以考虑丰富其权益赋能的范围，使之与实体经济或者文化传承更具贴合度，也更加契合我国的发展导向。最后，交易平台需要重视数字艺术品承载内容的法律性质。虽然数字艺术品本身的属性尚不明确，但其所指向的对象大多为艺术品或者网络艺术品等数字化形式，这些内容的性质并无歧义。作为 NFT 数字艺术品的发行方、出售方或网络经营场所，交易平台应当培育积极向上的数字内容创造氛围，促进对优秀文化的传播，夯实良性的产业生产基础。因此，交易平台在铸造、发行与交易过程中须保证承载内容的合法性，不得将 NFT 数字艺术品作为任何违禁品的载体。

总之，NFT 数字艺术品具有赋能实体经济的巨大应用价值。通过连接虚拟世界与现实世界，能够赋予虚拟世界中的物品以现实世界的价值，为实体经济的发展提供新的契机。可以说，NFT 数字艺术品与实体经济之间的融合发展已经成为大势所趋。所以，对于交易平台来说，应当更多展现数字艺术品的应用价值，赋能多种行业实现“以虚促实”，同时打造自己的品牌价值，提升品牌的知名度与美誉度。

（2）积极应对新征管模式下的涉税风险

NFT 数字艺术品作为区块链上的通证，本质上应属于传统艺术品的一种新型展现形式，其交易的经济实质在此意义上并未发生改变。基于此，沿用我国现行税法体系对 NFT 数字艺术品行业进行规范的可行性较高。首先，对于交易平台而言，未来的纳税义务在一定范围内无需作出过多的调整。此外，国家对于新事物的监管往往滞后于该事物的发展，加之当前的征管技术受数字经济影响无法充分发挥出其原本的效能，因此依赖第三方机构可能成为今后该领域税收监管的必要支撑。例如，延续第三方机构提供涉税信息或代为扣缴税款的税收征管程序。[1] 面对这一监管倾向，原有征管方式可能会具体针对 NFT 交易平台进行一定程度的微调。换言之，NFT 的交易过程具有隐匿性与极强的技术性，NFT 交易平台相较于税务机关更有信息优势，未来承担的涉税信息提供义务理论上可能会重于其他一般性服务平台。

并且，这一发展趋势在经合组织发布的关于建立加密资产信息交换机制（CARF）征求意见稿中也已经有所体现。根据 CARF 机制，代表客户或者为客户提供相关加密资产交易服务的中介机构，作为最有能力获取最全面的资产和交易信息的机

1. 冯静：《加密资产国际税收治理：缘起、现状与展望》，载《税务研究》2022 年第 9 期。

构，需要对客户信息进行收集及审查。[1] 据此，交易平台对于交易方在平台内部的交易活动须注意留存相关的证明材料，同时平台也应主动加强同税务机关的沟通，可以要求税务机关提供报送涉税信息的具体清单。

在国际方面，须明确的是，当前我国流通的数字人民币与虚拟货币存在本质区别。即使在今后国内广泛开放公有链的情形下，交易平台也应当严守法律红线，禁止在跨境交易中进行虚拟货币的使用与兑换，避免自陷金融管控风险。在数字服务税的开征问题上，交易平台也无需过多担心在跨境贸易过程中承担双重课税风险。因为国外数字税立法的重点规制内容是数字科技巨头在全球范围内造成的利润转移与税收侵蚀现象，[2] 具有起征点的条件限制，对于国内正处于发展探索期与成长期的交易平台而言暂无实质性影响。

1. 参见 U&I Group 汇智集团：《OECD 推动建立"加密资产"信息自动互换机制》，汇智集团官网 2022 年 4 月 15 日，https://www.u-igroup.com/3249.html，最后访问时间：2023 年 12 月 6 日。
2. Assaf Harpaz, Taxation of the Digital Economy：Adapting a Twentieth-Century Tax System to a Twenty-First-Century Economy, The Yale Journal of International Law, 2021, 10, p. 219.

结　语

NFT因其独特性与经济价值成为元宇宙产业发展的关键要素，尤其是在国家大力发展数字经济的“十四五”规划背景下，NFT的发展前景一直备受各方关注。但鉴于当前NFT数字艺术品市场热度不减，加之国内严格的金融监管环境，领域内的从业者应当有意识地考虑我国法律框架下NFT未来的法律属性与定位，及时关注与跟进相关法律规定与监管的实时动态，以期为平台自身发展留下一定调整空间以应对国家未来出台的有关政策。

鉴于NFT交易过程产生的巨大经济价值以及交易平台的蓬勃发展，虚拟的网络空间始终无法掩盖真实货币交易的本质，因此对于NFT数字艺术品行业的税收征管也必将纳入国家的政策考量当中。由此观之，NFT数字艺术品交易平台应当在厘清自身交易流程的基础上，尽可能明确各交易环节中具体行为的税收性质，从而实现平台的税务合规目标。

本书通过梳理NFT数字艺术品的发展进程，在对比国内外不同发展方向并结合我国本土实践的基础上，对NFT交易平台的税务合规作出了以下分析：

第一，关于NFT数字艺术品的法律性质。NFT数字艺术品应属于我国《民法典》意义上的虚拟财产，也可以被界定为一种权利凭证。发行人对NFT数字艺术品的许可铸造行为可以区分为著作权许可与铸造发行行为，其中，个人转让著作权属于免征增值税的范围，而企业的授权行为则相应产生企业所得税与增值税的纳税义务。个人出售NFT数字作品、NFT数字衍生品、NFT实物作品以及NFT衍生品应当按照财产转让所得缴纳个人所得税，按照转让无形资产缴纳增值税，出售NFT数字许可作品应当按照特许权使用费所得缴纳个人所得税。企业出售NFT数字作品、NFT数字衍生品以及NFT数字许可作品，应当按照转让无形资产进行收入确认计量，缴纳企业所得税和增值税；出售NFT实物作品以及NFT衍生品则应当按照销售货物进行收入确认和计量，缴纳企业所得税和增值税。此外，目前NFT数字艺术品的交易行为有买卖合同与赠与合同之分，二者也将产生不同的税法效果。至于购买者在二次流通环节的收入，基本遵循首次出售的税务处理，但在版费定性上仍有争议。

第二，通过对NFT数字艺术品域外监管及税务实践的考察，目前大多数国家并没有采取“一刀切”的方式，而是呈现出既包容又兼具加强监管的趋势。实践表明，各国均坚持技术中立的立场与综合治理的方法。一般情况下，各国倾向于通过区分NFT的使用主体与用途，决定具体的监管政策与税收待遇。换言之，不同的纳税人身份与用途的商业性与否将在一定程度上决定NFT数字艺术品交易所对应的税目及税率。

第三，基于我国现行税收法律体系，交易平台所涉及的税收要素并无显著变化。当前有关NFT数字艺术品交易环节产生的收入如何在税法上定性的困境，其本质仅为税目的选择，而非一个绝对全新的概念。但不管作何种定性，NFT流转中产生的经济价值决定了其具有必要的可税性。对于平台而言，须充分履行缴纳企业所得税与增值税的纳税义务，同时在税务机关的征管过程中也应履行相应的协力义务。交易平台是否履行扣缴义务取决于平台与原创造者之间是否为雇佣关系，即所得的性质是否为工资薪金或者劳务报酬。此外，基于征管实际需要，交易平台也具有向税务机关提供涉税信息的义务，同时享有要求税务机关对所涉信息进行保护的权利。

第四，结合国际数字经济征管趋势，交易平台所受影响可能呈现阶段性的差异。短期内，鉴于我国当前对于虚拟货币的回避与严禁态度，国际上有关加密货币征税或者开征数字服务税的立法探讨与实践不会对国内NFT数字艺术品产业产生直接影响。但长远来看，作为数字经济的发展大国，未来我国也会积极响应并参与构建合作共赢的新型国际税收关系。因此，

NFT交易平台在关注国内税法规制的同时，也应密切跟踪国际税收征管的动态变化，这对我国税法规范可能产生的间接影响。

法律作为一种公共产品，理应为新技术提供充分的保障基础，其本身不应成为新技术发展、普及与应用的障碍。目前，无论是NFT数字艺术品行业的发展之路抑或国家的监管之路均处于初步探索阶段，需要NFT数字艺术品交易平台与政府一同摸索前进。平台的合法与合规有助于为我国经济作出重要贡献，而国家的监管与规范则有助于为平台营造公平、包容的营商环境，二者的目标在一定范围内是相统一的。因此，国家对于新经济领域税收政策的制定理应兼顾规范与发展，以审慎监管为主导。NFT交易平台作为该领域发展的主力军，也要依法纳税，强化平台内部的税务合规管理，防范与规避新形势下征管方式转变时相关的涉税风险。

参考文献

一、外文文献

1. 期刊文献类

[1] Allison Christians, Taxation in The Age of Smart Contracts: The Cryptokitty Conundrum, The Ohio State Technology Law Lournal, 2020.

[2] Assaf Harpaz, Taxation of the Digital Economy: Adapting a Twentieth-Century Tax System to a Twenty-First-Century Economy, The Yale Journal of International Law, 2021.

[3] Dr Elizabeth F Morton and Mr Michael F Curran, Understanding

Non-Fungible Tokens and the Income Tax Consequences, Working Paper, 2022.
[4] Luc Hinnekens, The Challenges of Applying VAT and Income TAX Territoriality Concepts and Rules to International Electronic Commerce, Intertax, 1998.
[5] Wei C., The Superiority of the Digital Services Tax over Significant Digital Presence Proposals, National Tax Journal, 2019, 70, pp. 839—856.

2. 网页资料类

[1] Australian Taxation Office, https://www.ato.gov.au/Individuals/Investments-and-assets/Crypto-asset-investments/Transactions---acquiring-and-disposing-of-crypto-assets/Non-fungible-tokens/.
[2] Ipsita Agarwalla, Taxing Non-Fungible Tokens (NFTS), National Law Review (May 4, 2021), https://www.natlawreview.com/article/taxing-non-fungible-tokens-nfts.
[3] 美国国会研究局，http://crsreports.congress.gov/search/#/ ? termsToSearch=NFT&orderBy=Relevance。
[4] Treasury Releases Study on Illicit Finance in the High-Value Art Market (Feb.4, 2022), https://home.treasury.

gov/news/press-releases/jy0588.
[5] Nathan W. Giesselman, Carl R. Erdmann, David Berke, Martin de Jong, Proliferation of NFT Transactions Raises Numerous US Tax Questions, Skadden (May 7, 2021), https://www.skadden.com/insights/publications/2021/05/proliferation-of-nft-transactions.
[6] Income tax will apply to NFT transactions: Wong, The Business Time (Mar. 12, 2022), https://www.businesstimes.com.sg/government-economy/income-tax-will-apply-to-nft-transactions-wong.
[7] Tolu Okuwoga, South Korea Financial Regulator May Impose Tax On NFTs, BITCOINIST (Nov.27, 2021), https://bitcoinist.com/south-korea-financial-regulator-may-impose-tax-on-nfts/.
[8] Reply to Parliamentary Question on Regulation of NFT Activities, Monetary Authority of Singapore (Feb.15, 2022), https://www.mas.gov.sg/news/parliamentary-replies/2022/reply-to-parliamentary-question-on-regulation-of-nft-activities.
[9] S'pore Court Legally Recognises NFTs as Assets, NFTNEWSINSIDER (May 24, 2022), https://nftnewsinsider.com/spore-court-legally-recognises-nfts-as-assets/.

二、中文文献

1．专著类

[1] a15a:《一本书读懂 Web3.0：区块链、NFT 元宇宙和 DAO》，电子工业出版社 2022 年版。
[2] 栗建:《元宇宙营销：认知、方法与实践》，机械工业出版社 2022 年版。
[3] 杜雨、张孜铭:《WEB3.0：赋能数字经济新时代》，中译出版社 2022 年版。
[4] 陈晔、吴啸、蔡玮:《区块链新基建：赋能产业新机遇》，清华大学出版社 2022 年版。
[5] 赵广义:《元宇宙：新时代新商业新场景》，电子工业出版社 2022 年版。
[6] 刘沐真、王淳枫:《元宇宙：重构人类文明与商业世界》，机械工业出版社 2022 年版。
[7] 唐毅:《区块链：技术原理与应用实践》，清华大学出版社 2022 年版。
[8] 朱嘉明:《元宇宙与数字经济》，中译出版社 2022 年版。
[9] 马天诣、吴高斌:《元宇宙 +：元宇宙开启数字经济文明

新纪元》，中国财政经济出版社 2022 年版。
[10] 潘琪：《美国〈统一商法典〉解读》，法律出版社 2020 年版。
[11] 杨东、徐信予：《数字经济理论与治理》，中国社会科学出版社 2021 年版。
[12] 程啸主编：《NFT 数字艺术品法律问题研究》，中国法制出版社 2023 年版。

2. 期刊文献类

[1] 蔡昌等：《区块链赋能数据资产确权与税收治理》，载《税务研究》2021 年第 7 期。
[2] 常鹏翱：《民法中的物》，载《法学研究》2008 年第 2 期。
[3] 陈汉：《我国央行数字货币发行的法律问题分析》，载《河北企业》2022 年第 12 期。
[4] 陈吉栋：《超越元宇宙的法律想象：数字身份、NFT 与多元规制》，载《法治研究》2022 年第 3 期。
[5] 陈姿含：《加密数字货币行政监管的制度逻辑》，载《北京理工大学学报（社会科学版）》2020 年第 5 期。
[6] 陈宇、牛恺玥：《加密资产税收政策的国际经验及对我国的启示》，载《税务研究》2022 年第 12 期。
[7] 戴哲：《论我国创设追续权制度的正当性》，载《北方法

学》2020 年第 4 期。

[8] 邓建鹏、李嘉宁:《数字艺术品的权利凭证——NFT 的价值来源、权利困境与应对方案》, 载《探索与争鸣》2022 年第 6 期。

[9] 邓建鹏、马滢滢:《NFT 数字作品交易的法律风险与治理路径》, 载《治理研究》2023 年第 4 期。

[10] 邓建鹏、张祎宁:《非同质化通证的法律问题与应对思考》, 载《民主与科学》2022 年第 2 期。

[11] 邓建鹏:《NFT: 数字艺术品的权利凭证》, 载《中国拍卖》2022 年第 7 期。

[12] 邓学飞等:《平台经济下直播带货税收治理问题研究》, 载《税务与经济》2022 年第 5 期。

[13] 杜金富、张初晴:《数字货币的理论分析》, 载《金融发展研究》2023 年第 1 期。

[14] 冯静:《加密资产国际税收治理: 缘起、现状与展望》, 载《税务研究》2022 年第 9 期。

[15] 冯俏彬、李承健:《数字税的国际实践及其对我国的影响》, 载《行政管理改革》2022 年第 3 期。

[16] 冯晓青:《我国著作权客体制度之重塑: 作品内涵、分类及立法创新》, 载《苏州大学学报 (法学版)》2022 年第 1 期。

[17] 傅俊维:《论盗窃罪对象的扩容——以财产权利凭证为视角》, 载《公民与法 (法学版)》2014 年第 2 期。

[18] 高庆哲:《我国数字加密货币法律监管模式转变思考》,载《合作经济与科技》2023年第2期。

[19] 葛伟军、方懿:《区块链智能合约下加密数字藏品的法律属性与内生风险》,载《上海大学学报(社会科学版)》2023年第2期。

[20] 龚涛:《去中心化元宇宙的法治困境与出路》,载《上海政法学院学报(法治论丛)》2023年第1期。

[21] 郭艳等:《金融市场中的区块链技术:场景应用与价值展望》,载《技术经济》2017年第7期。

[22] 国家税务总局河北省税务局课题组等:《"四精"视角下加强平台经济税收管理的思考》,载《税务研究》2022年第6期。

[23] 国家税务总局泰安市税务局课题组等:《平台经济税收监管探讨》,载《税务研究》2020年第4期。

[24] 国家税务总局西安市税务局课题组等:《平台经济与税收政策互动机理及其因应对策研究》,载《税收经济研究》2022年第1期。

[25] 何悦、孙一壶:《非同质化代币数字作品的著作权交易问题研究》,载《浙江警察学院学报》2023年第1期。

[26] 何振华等:《印度发布加密货币税收征管操作指南》,载《中国税务报》2022年8月15日,第七版。

[27] 胡滨等:《大型互联网平台的特征与监管》,载《金融评论》2021年第3期。

[28] 黄小婵:《“权利束”视角下虚拟财产问题思考》, 载《互联网天地》2022 年第 7 期。

[29] 黄玉烨、潘滨:《论 NFT 数字藏品的法律属性——兼评 NFT 数字藏品版权纠纷第一案》, 载《编辑之友》2022 年第 9 期。

[30] 江哲丰、彭祝斌:《加密数字艺术产业发展过程中的监管逻辑——基于 NFT 艺术的快速传播与行业影响研究》, 载《学术论坛》2021 年第 4 期。

[31] 李超民:《全球数字货币体系主导权视野下的数字人民币跨境转移与支付能力》, 载《当代中国与世界》2022 年第 3 期。

[32] 李慧敏:《元宇宙经济对国际税收管辖权的挑战及应对》, 载《税收经济研究》2022 年第 3 期。

[33] 李立新、刘晨:《“链上”的艺术: NFT 数字藏品的法律性质及侵权法保护》, 载《上海法学研究》集刊 2022 年第 22 卷。

[34] 李娜:《发挥好中国在国际税收征管协作中的角色》, 载《国际税收》2016 年第 10 期。

[35] 李晓楠:《网络社会结构变迁视域下元宇宙的法律治理》, 载《法治研究》2022 年第 2 期。

[36] 李晓宇:《智能数字化下机器生成数据权益的法律属性》, 载《北方法学》2021 年第 2 期。

[37] 李逸竹:《NFT 数字作品的法律属性与交易关系研究》,

载《清华法学》2023 年第 3 期。
[38] 李雨晴、张西炜:《平台经济形式中税收体系的完善》,载《当代经济》2022 年第 12 期。
[39] 李悦、陈秋竹:《“数据管税”背景下纳税人信息匿名化的法律标准探讨》,载《税务与经济》2020 年第 4 期。
[40] 励贺林等:《跨境逃税问题的国际应对及启示》,载《财务与会计》2021 年第 18 期。
[41] 廖益新、宫廷:《英国数字服务税:规则分析与制度反思》,载《税务研究》2019 年第 5 期。
[42] 刘双舟、郭志伟:《NFT 在数字艺术品市场中的应用风险与防范》,载《艺术管理(中英文)》2022 年第 1 期。
[43] 刘晓欣:《NFT(异质代币)的发展逻辑、风险挑战与监管》,载《人民论坛》2022 年第 22 期。
[44] 刘雪婷:《数字经济时代个人信息保护的法治规范及机制构建》,载《吉首大学学报(社会科学版)》2022 年第 4 期。
[45] 吕睿智:《数字货币的交易功能及法律属性》,载《法律科学(西北政法大学学报)》2022 年第 5 期。
[46] 欧阳天健:《数字法治背景下平台经济的税法规制》,载《南京社会科学》2022 年第 8 期。
[47] 潘宁:《NFT 税收治理:意义、挑战与应对》,载《地方财政研究》2023 年第 3 期。
[48] 彭敏娇等:《数字经济下跨境税收征管问题及路径选择》,

载《国际税收》2021 年第 6 期。
[49] 齐萌、刘博:《数字服务税：理论阐释、国际实践与中国进路》，载《上海财经大学学报》2022 年第 3 期。
[50] 秦蕊等:《NFT：基于区块链的非同质化通证及其应用》，载《智能科学与技术学报》2021 年第 2 期。
[51] 渠慎宁:《NFT 产业：理论解构、市场逻辑与趋势展望》，载《改革》2023 年第 4 期。
[52] 任超、闫晨:《数字化产品的税收挑战与应对》，载《财会月刊》2021 年第 23 期。
[53] 宋芳斌、甘锋:《NFT 艺术品的风险与二元保护模式》，载《南京社会科学》2022 年第 8 期。
[54] 申晨:《虚拟财产规则的路径重构》，载《法学家》2016 年第 1 期。
[55] 苏宇:《非同质通证的法律性质与风险治理》，载《东方法学》2022 年第 2 期。
[56] NFT 课题组:《NFT 政策研究报告》，载《上海法学研究》2022 年第 11 卷。
[57] 孙浩等:《区块链跨链技术发展及应用》，载《计算机科学》2022 年第 5 期。
[58] 孙亮等:《基于 NFT 的实物上链资产化方法》，载《浙江大学学报（工学版）》2022 年第 10 期。
[59] 孙毅、贺子涵:《数字税 2.0：展望元宇宙驱动的税收变革》，载《税务研究》2023 年第 1 期。

[60] 汤林弟:《中国图书版税制度研究》, 北京师范大学 2004 年硕士学位论文。

[61] 陶乾:《论数字作品非同质代币化交易的法律意涵》, 载《东方法学》2022 年第 2 期。

[62] 田开友、崔琦文:《论平台经济税收征管困境的法律克服》, 载《河南理工大学学报（社会科学版）》2022 年第 2 期。

[63] 田开友:《电子商务平台经营者涉税信息报送义务履行的规范化研究——基于我国〈电子商务法〉第 28 条规定的阐释》, 载《政治与法律》2021 年第 3 期。

[64] 王江桥:《NFT 交易模式下的著作权保护及平台责任》, 载《财经法学》2022 年第 5 期。

[65] 王红娟:《电子商务交易成本对数字商品的市场供求与定价策略影响》, 载《商业经济研究》2017 年第 8 期。

[66] 王凯文、罗敬蔚:《平台经济税收征管问题与优化路径》, 载《中国发展观察》2022 年第 1 期。

[67] 王曙光等:《数字经济下“一带一路”税收征管质效初探》, 载《国际税收》2022 年第 5 期。

[68] 王伟域:《“一带一路”税收征管合作机制: 特点、理论依据及世界意义》, 载《国际税收》2020 年第 6 期。

[69] 王晓丽、严驰:《数字经济时代非同质化代币的风险治理》, 载《合肥工业大学学报（社会科学版）》2022 年第 6 期。

[70] 王晓丽、严驰：《数字时代 NFT 著作权若干问题思考》，载《南京邮电大学学报（社会科学版）》2022 年第 5 期。
[71] 魏丽婷等：《非同质化代币（NFT）：逻辑、应用与趋势展望》，载《经济研究参考》2022 年第 4 期。
[72] 吴一楷：《金融法维度下非同质化通证的属性研究与监管构建》，载《上海金融》2022 年第 11 期。
[73] 夏萤等：《反洗钱视角下 NFT 的洗钱风险探究及建议》，载《时代金融》2022 年第 5 期。
[74] 谢潇：《网络虚拟财产的物债利益属性及其保护规则构造》，载《南京社会科学》2022 年第 9 期。
[75] 谢新水等：《高质量发展数字藏品：特性、价值、风险与监管路径》，载《电子政务》2023 年第 2 期。
[76] 薛军：《〈电子商务法〉平台责任的内涵及其适用模式》，载《法律科学（西北政法大学学报）》2023 年第 1 期。
[77] 闫海、冯硕：《纳税人信息保护和涉税信息管理的冲突与协调——以〈个人信息保护法〉为视角》，载《税务研究》2022 年第 4 期。
[78] 阳建勋：《〈民法典〉时代自然人涉税信息保护的理念重塑与制度完善——以〈税收征管法〉修订为视角》，载《税务研究》2021 年第 2 期。
[79] 杨东、梁伟亮：《论元宇宙价值单位：NFT 的功能、风险与监管》，载《学习与探索》2022 年第 10 期。
[80] 杨利华、王诗童：《NFT 数字作品交易的著作权法规

制——兼论数字信息时代权利穷竭原则的适用》，载《邵阳学院学报（社会科学版）》2023 年第 1 期。
[81] 杨小强：《论民法典与税法的关系及协调》，载《政法论丛》2020 年第 4 期。
[82] 杨璇：《版权视角下 NFT 数字作品交易的法律问题》，载《上海法学研究》集刊 2022 年第 22 卷。
[83] 杨延超：《论数字货币的法律属性》，载《中国社会科学》2020 年第 1 期。
[84] 尹华容、王惠民：《非同质化通证的法律规制路径研究》，载《湘潭大学学报（哲学社会科学版）》2022 年第 6 期。
[85] 余俊缘：《数字作品 NFT 交易的本质、规则及法律风险应对》，载《科技与出版》2022 年第 10 期。
[86] 余鹏峰：《国际税收征管协助的立法完善——兼论〈税收征管法〉的修订》，载《税务研究》2020 年第 6 期。
[87] 余振、沈一然：《数字税国际争议对全球经济治理的影响及中国对策》，载《天津社会科学》2022 年第 3 期。
[88] 张牧君：《数字服务税的争议与法理辩释》，载《法律科学（西北政法大学学报）》2022 年第 4 期。
[89] 张牧君：《用户价值与数字税立法的逻辑》，载《法学研究》2022 年第 4 期。
[90] 张青政、杜学文：《中国个人所得税收居民确定问题研究——以 CRS 的执行为观察重点》，载《技术经济与管

理研究》2022 年第 8 期。
[91] 张瑞龙、刘晓光:《央行数字货币发展和展望》,载《中国发展》2022 年第 3 期。
[92] 赵磊:《论比特币的法律属性——从 HashFast 管理人诉 Marc Lowe 案谈起》,载《法学》2018 年第 4 期。
[93] 赵文通等:《BEPS 时代中国开展国际税收征管协作的障碍与应对策略》,载《经济研究参考》2018 年第 39 期。
[94] 郑秀榕等:《全球数字化背景下的平台经济税收治理研究》,载《经济资料译丛》2022 年第 1 期。
[95] 郑煌杰:《元宇宙下数字作品版权的扩张及其限制研究》,载《东莞理工学院学报》2022 年第 4 期。
[96] 郑伊:《论网络平台的涉税信息披露义务》,载《税务研究》2021 年第 10 期。
[97] 朱大旗、曹阳:《大数据背景下我国纳税人信息权与相关权利的冲突与协调》,载《学术研究》2021 年第 2 期。

3. 国家政策类

[1] 上海市人民政府办公厅:《上海市数字经济发展“十四五”规划》,沪府办发〔2022〕11 号,2022 年 7 月发布。
[2] 中共中央办公厅、国务院办公厅:《关于推进实施国家文化数字化战略的意见》,中办发〔2022〕27 号,2022 年

5月发布。
[3] 中国互联网金融协会、中国银行业协会、中国证券业协会:《关于防范NFT相关金融风险的倡议》,2022年4月发布。
[4] 国家互联网信息办公室、国家税务总局、国家市场监督管理总局:《关于进一步规范网络直播营利行为促进行业健康发展的意见》,税总所得发〔2022〕25号,2022年3月发布。
[5] 国家税务总局:《关于企业所得税若干政策征管口径问题的公告》,国家税务总局公告2021年第17号,2021年6月发布。
[6] 中国互联网金融协会、中国银行业协会、中国支付清算协会:《关于防范虚拟货币交易炒作风险的公告》,2021年5月发布。
[7] 中共中央办公厅、国务院办公厅:《关于进一步深化税收征管改革的意见》,税总发〔2021〕21号,2021年3月发布。
[8] 国家税务总局:《关于明确二手车经销等若干增值税征管问题的公告》,国家税务总局公告2020年第9号,2020年4月发布。
[9] 国家税务总局:《关于进一步落实好简政减税降负措施更好服务经济社会发展有关工作的通知》,税总发〔2018〕150号,2018年9月发布。

[10] 国家税务总局:《涉税信息查询管理办法》,国家税务总局公告 2016 年第 41 号,2016 年 6 月发布。

[11] 中国人民银行、工业和信息化部、公安部、财政部、工商总局、法制办、银监会、证监会、保监会、国家互联网信息办公室:《关于促进互联网金融健康发展的指导意见》,银发〔2015〕221 号,2015 年 7 月发布。

[12] 最高人民法院:《关于审理侵害信息网络传播权民事纠纷案件适用法律若干问题的规定》,法释〔2012〕20 号,2012 年 12 月发布。

[13] 国务院办公厅:《关于清理整顿各类交易场所的实施意见》,国办发〔2012〕37 号,2012 年 7 月发布。

[14] 国务院:《关于清理整顿各类交易场所切实防范金融风险的决定》(国发〔2011〕38 号),2011 年 11 月发布。

[15] 财政部、国家税务总局:《关于企业促销展业赠送礼品有关个人所得税问题的通知》,财税〔2011〕50 号,2011 年 6 月发布。

[16] 国家税务总局:《关于个人所得税偷税案件查处中有关问题的补充通知》,国税函〔1996〕602 号,1996 年 9 月发布。

[17] 中国人民银行、网信办、最高人民法院、最高人民检察院、工业和信息化部、公安部、市场监管总局、银保监会、证监会、外汇局:《关于进一步防范和处置虚拟货币交易炒作风险的通知》,银发〔2021〕237 号,2021 年

9月发布。
[18] 国家发展改革委、市场监督管理总局、中央网信办、工业和信息化部、人力资源和社会保障部、农业农村部、商务部、人民银行、国家税务总局:《关于推动平台经济规范健康持续发展的若干意见》,发改高技〔2021〕1872号,2021年12月发布。

4. 微信公众号类

[1] 陈翔宇:《美国国会研究局: NFT及其监管问题》,载微信公众号“文化上市公司”,2022年8月8日。
[2] 曹恒等:《非同质化通证》,载微信公众号“中国计算机学会”,2022年7月29日。
[3] 程啸、王苑:《数字艺术品法律风险如何规制》,载微信公众号“清华大学法学院”,2022年6月11日。
[4] 邓建鹏:《NFT的法律问题与应对》,载微信公众号“吴说Real”,2022年5月17日。
[5] 刘天永:《数字藏品很火,法律性质问题待解》,载微信公众号“华锐”,2022年5月13日。
[6] 张衡、夏妍:《政策、路径探讨,NFT在中国向何处去?》,载微信公众号“奇遇元宇宙”,2022年5月10日。
[7] 吴则涛:《NFT数字作品的交易及著作权管理》,载微信

公众号“中银律师事务所”，2022 年 5 月 6 日。
[8] 张宾：《国内 NFT 数字藏品交易平台法律合规分析》，载微信公众号“盈科北京办公室”，2022 年 5 月 5 日。
[9] 邵慧萍、黄潇炜：《一文读懂 NFT，警惕爆火背后的陷阱》，载微信公众号“浩天法律评论”，2022 年 4 月 15 日。
[10] 陈沈峰：《数字艺术品行业的税务合规》，载微信公众号“大成上海办公室”，2022 年 4 月 11 日。
[11] 杨迅：《NFT 的法律性质与监管初探》，载微信公众号“威科先行”，2022 年 2 月 11 日。
[12] 朱玮琼、朱桐熠：《元宇宙时代，NFT 及投资 NFT 平台需要关注的法律问题》，载微信公众号“国浩律师事务所”，2022 年 2 月 9 日。
[13] 史欣悦、杨琦：《NFT 的法律属性与合规分析》，载微信公众号“君合法律评论”，2022 年 1 月 25 日。
[14] 申军：《NFT 的法律属性究竟是什么：以法国法和欧盟法为例》，载微信公众号“中国法律评论”，2022 年 1 月 7 日。
[15] 董文涛：《关于 NFT 艺术品的若干基础法律问题》，载微信公众号“锦天城律师事务所”，2021 年 8 月 25 日。
[16] 张烽：《NFT 艺术品相关法律问题》，载微信公众号“数字治理研究”，2021 年 7 月 16 日。
[17] 张宇、刘洪玮：《走向虚拟的艺术——NFT 的法律性质与合规初探》，载微信公众号“格联律师”，2021 年 5 月

29日。
[18] 何玮、廖瞰曦、郑博、陈绮新、金霄佳:《我不想做虚拟货币：探索一枚NFT的合规之路》，载微信公众号“汉坤律师事务所”，2021年12月8日。
[19]《NFT十大交易平台深度评析，这么做就对了!》，载微信公众号“NFT猴子”，2022年2月21日。

5. 网页资料类

[1] 何振华、朱倬显、谭阳:《印度发布加密货币税收征管操作指南》，载中国税务报2022年8月15日。
[2] iNFTnews:《多国表露对NFT的监管态度，NFT市场还能“自由”发展吗?》，载CSDN博客2022年6月7日，https://blog.csdn.net/weixin.56136405/article/details/125165798。
[3]《新加坡中央公积金局建议将NFT纳入多元化投资组合》，载腾讯网2022年5月27日，https://new.qq.com/rain/a/20220527A043Y300.html%20(qq.com)。
[4]《美国国税局计划向NFT投资者征税》，载凤凰网2022年4月18日，https://tech.ifeng.com/c/8FIqQAt2SC8#:text=%E8%B4%A2%E8%81%94%E7%A4%BE4%E6%9C%8818%E6%97%A5,%E6%AD%A3%E5%87%86%E5%A4%87%E8%BF%9B%E8%A1%8C%E6%89%93%E5%

87%BB%E3%80%82。

[5] Candice:《美国国税局，为什么今年NFT投资者可能面临征税》，载思程会计师事务所2022年4月13日，https://www.schengaccounting.cn/2022-irs-plans-to-tax-nft-investors/。

[6] Tanvi Ratna:《为什么印度民众还没有开始购买NFT？》，载币币情2022年2月2日，https://www.bibiqing.com/news/detail/33744。

图书在版编目(CIP)数据

NFT数字艺术品交易的税法规制与合规建设/朱丘祥主编;聂森,张佳莉,李翠翠著. —上海:上海人民出版社,2024
(数字财税法治研究丛书)
ISBN 978-7-208-18831-0

Ⅰ.①N… Ⅱ.①朱… ②聂… ③张… ④李… Ⅲ.①数字技术-应用-艺术品-科学技术管理法规-研究-中国 Ⅳ.①D922.174

中国国家版本馆CIP数据核字(2024)第065202号

责任编辑 伍安洁
封面设计 一本好书

数字财税法治研究丛书
NFT数字艺术品交易的税法规制与合规建设
朱丘祥 主编
聂 森 张佳莉 李翠翠 著

出 版 上海人民出版社
(201101 上海市闵行区号景路159弄C座)
发 行 上海人民出版社发行中心
印 刷 上海新华印刷有限公司
开 本 890×1240 1/32
印 张 8
插 页 2
字 数 153,000
版 次 2024年7月第1版
印 次 2024年7月第1次印刷
ISBN 978-7-208-18831-0/D·4295
定 价 52.00元